これ1冊で
OK!

魅力あふれる社会人になる為の

ビジネスマナー完全ガイドブック

松田満江
リカレントキャリア

早稲田出版

はじめに

「努力できることも才能である」「同じ情熱・気力を持ち続けられることも才能である」…ひとつの道で成功した人たちが、口をそろえて言っていることです。
同じように「相手の身になって対応できる」ことも才能ではないでしょうか。

「傘かしげ」という江戸しぐさをご存じですか。狭い道ですれ違うときに、お互いの傘を外側に傾けてすれ違う様子のことです。ぶつからないよう、雨のしずくがかからないようにとの気遣いです。ほんの少しの思いやりが

マナーなのです。

ビジネスマナーは堅苦しいと考えている方は多いでしょう。もちろんマナーにも約束事が存在しますが、まず大切なことは「相手を思いやる気持ち」です。

皆さんは、いつも明るく「あいさつ」をしていますか。笑顔で「ありがとう」と返していますか。「ありがとう」はとても素敵な言葉、「あいさつ」はとても素敵な行動です。このひと言が人間関係を豊かにし、信頼を生んでいくのだと思います。

マナーは、どの業界でもどの職種でも必要な持ち運びができる基本の力であり、キャリアをつなげていくときの皆さんの強力な味

方・武器になってくれます。さらにはチームワークや、顧客とのやりとりをスムーズにさせ、ビジネスチャンスを広げる可能性もあるでしょう。マナーがカバーする範囲は実はとても広いのです。

いかがでしょう。マナーを身につけたい！と思っていただけましたか。

本書は分かりやすい説明を心がけ、イラストでイメージが持てるようにしました。どの項目も見開きになっていますので、どこからでも何度でも読んで不安を解消してください。そしてインプットしたことは、ぜひすぐにでもアウトプットすることをおすすめします。アウトプットすることでしっかり身について

いくのです。

企業はヒトが財産です。笑顔で「あいさつ」、そして「ありがとう」の言葉で始めてください。始めたら努力を続けることが大切です。きっとあなたのキャリアに役立つ力になることでしょう。

松田満江

第三章

言葉のマナー　49

第四章

来客応対と訪問マナー　77

第五章 電話応対マナー 123

第六章 仕事の実務マナー 143

第七章 冠婚葬祭のマナー 181

第一章

社会人として

1 働くとは

働く目的は何でしょう

何のために働くのかと問われれば、**「報酬を得るため」「自立」「義務」「生きがい」**などと答える人がほとんどではないでしょうか。働くことの意味も人によってそれぞれですし、一つの正解があるわけではありませんが、自分の成長の場とも捉えられます。京セラの創始者、稲盛和夫氏は働く目的を「生きる糧を得ることにとどめず、人間の心を作るため」と話しています。**働くことを通して心を鍛え、人格を磨くことが大切**だということなのでしょう。

Labor・Job・Work・Play

仕事を意味する英単語には Labor・Job・Work・Play の４つがあるそうです。Labor はいやいやする仕事、Job は普通にこなす仕事、Work は笑顔でする仕事、そして最後の Play はワクワク感でする仕事を指すようです。

仕事でいろいろな人に会ったり、何かを生み出したり、サービスが喜ばれたり……単調な仕事の中で楽しみを見出して働くことが、工夫につながり組織を活性化するのです。

学生と社会人の８つの違い

	学　生	社会人
1．本分（目的）	学業 次のステージへの移行	職務遂行 社会貢献
2．身だしなみ	自由	ＴＰＯ 会社のイメージ
3．時間管理	制約が少ない	制約が多い 仕事優先
4．人間関係	ヨコの関係（同年代が中心）	タテの関係　（多様な世代）
5．責任	自己責任	組織の責任 社会的責任
6．評価	学業評価 （インプットしたこと）	他者評価 （アウトプットしたこと～結果）
7．感情	コントロールが小	コントロールが大
8．情報	自分への情報	組織としての情報 （他社動向 / 社会の動き）

〈伸びる人材〉

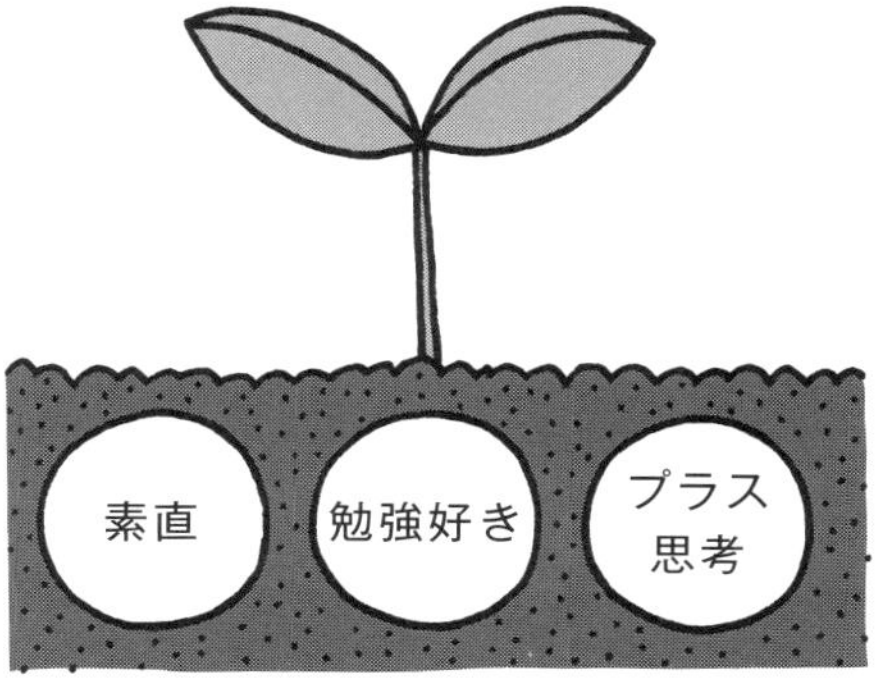

依頼された仕事に対し、「できない理由」を考える人より「できる方法」を考える人は、どんどん成長していきます

2 仕事への姿勢～6つの意識と優先順位

仕事への取り組み姿勢

何も考えずに仕事をする人と、多くのことを考えながら仕事に取り組む人とでは、その意識の違いが後に大きな差を生んでいきます。ここでは基本となる〝意識〟を顧客・コスト・改善・協調・目標・安全の６つに分けていますが、要は**仕事を遂行するためには経営者の視点**が求められているということでしょう。

仕事の進め方

仕事は慣れてくれば自分なりの工夫ができ、効率も良くなってきます。その工夫のひとつが〝優先順位〟です。優先順位がつけられることは重要な能力のひとつです。さて、いくつかの仕事を依頼されたとき、どのような順番で処理すれば良いのでしょう？　依頼順、それとも時間がかかりそうなものから取りかかりますか。基本は**緊急度と重要度、それらに自分の処理時間（能力）を考えて対応します**。

接客をしていたスタッフが悲鳴を聞いたとき、当然、目の前のお客様より悲鳴の方へ駆けつける……安全意識と優先順位です。

心構えが大事！

●顧客意識
お客様を大切にし、感謝の気持ちを持とう

●コスト意識
経費の節約に努め、無駄を省こう

●改善意識
考える、工夫をすることで効率を考えよう

●協調意識
チームワークを考え、協力しよう

●目標意識
早く確実に目標を達成するよう考えよう

●安全意識
顧客・社員の安全、情報の安全を意識しよう

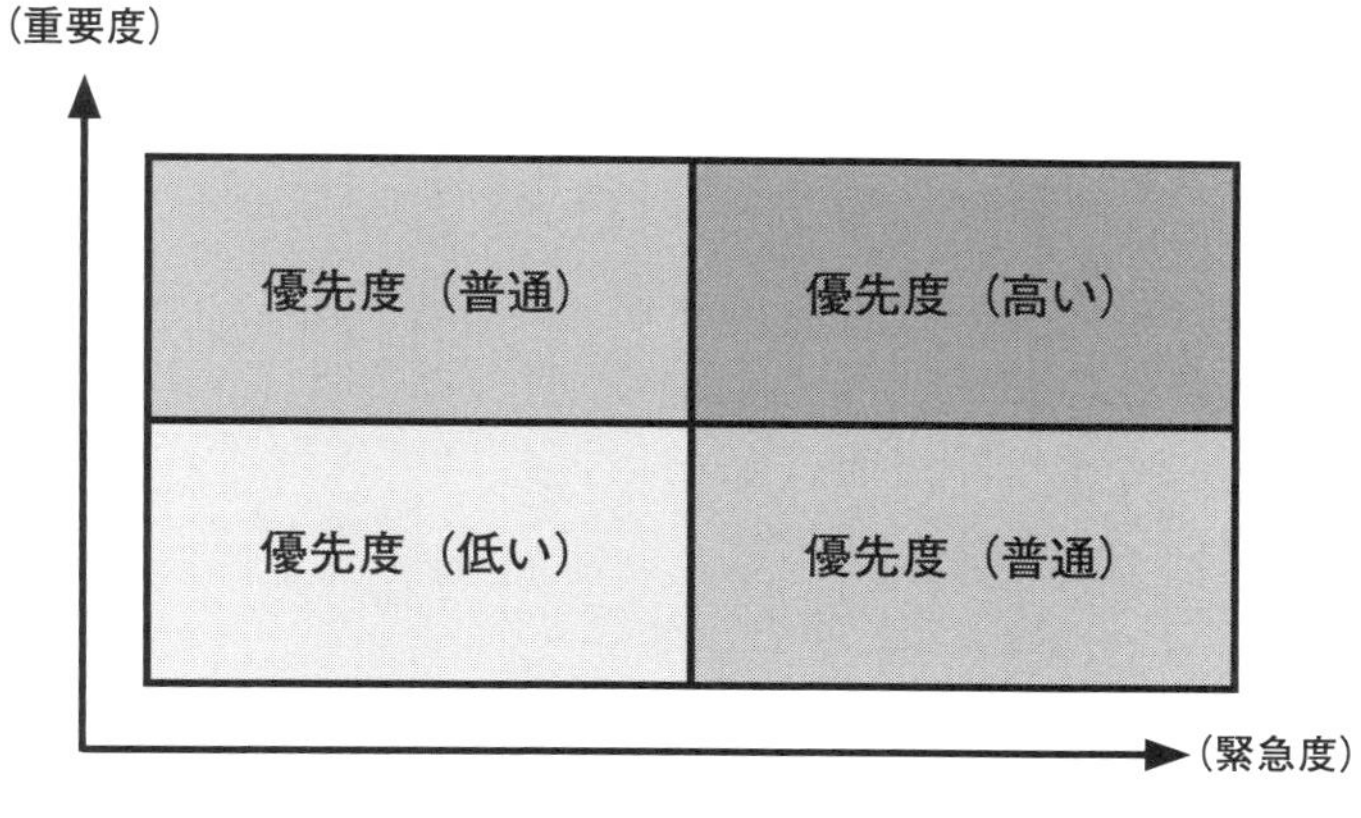

3 仕事と時間

on time と in time

時間通りをon time。その時間に間に合うための時間をin timeと区別してみてください。たとえば10時の約束のために10分前着を心がける～これが時間通りのon time。その**時間（on time）に間に合うように駅や近辺に着いているのがin timeという考え方**です。

時間で信頼関係が左右されることもあります。ルーズな人とは仕事を一緒にしたいとは思わないですよね。一度くらい……は、仕事時間には通用しないと思ったほうがよいでしょう。時間は大切なマナーです。

自分の仕事を時間で把握

「これをパワーポイントで作成して」「コピー50部お願い」などと依頼されたとき、どれ程の時間で作成できるかを把握できていますか。自分の仕事を時間で捉えることができると、「○○時までに仕上げることができます」と相手との仕事がスムーズに運びます。

誰にでも１日24時間

心理学者 アレクサンドル・ビネの言葉

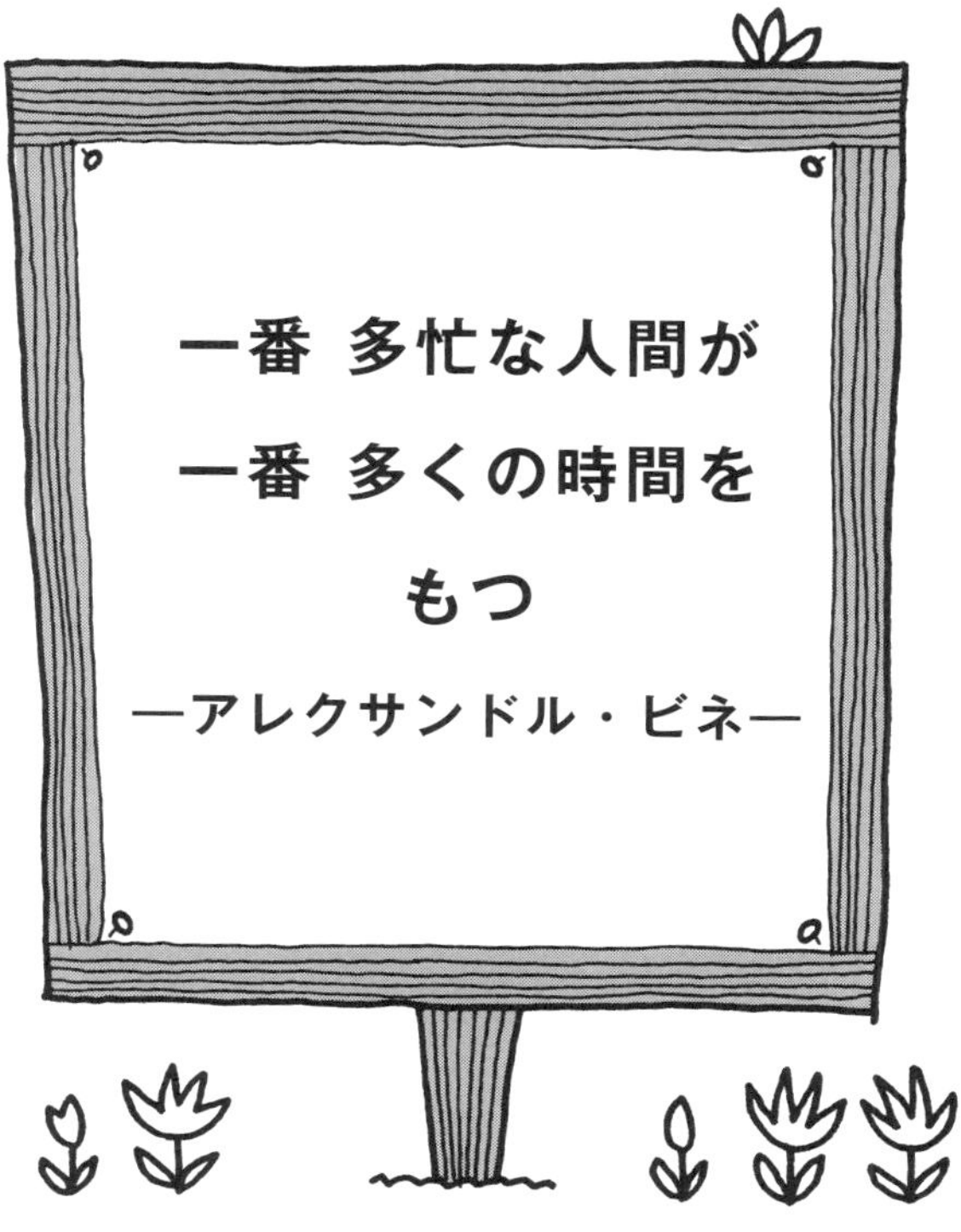
一番 多忙な人間が
一番 多くの時間を
もつ
―アレクサンドル・ビネ―

4 CSとは～顧客満足と顧客感動

顧客満足

Customer Satisfactionとは、お客様の満足のことです。競争社会では企業は常に顧客満足につながる商品やサービスを、継続して提供していかなければなりません。満足が低いと、多くの顧客は黙って離れ、そして悪いうわさは瞬く間に広がっていきます。**お客様は物事にある期待値を持っています。**その期待を上回ったときに満足し、リピーターになってくれるのです。さらに**期待が大きく上回ると「顧客満足」が「顧客感動」へと変わります。**サービスを売る企業では顧客目線に立ち、相手が何を求めているのかをキャッチする能力が必要です。マナーは究極のサービスです。

顧客感動

リッツカールトンホテルの日本支社長である高野氏は、「顧客が満足するサービスの質が年々上昇している」と話しています。サービスを受けるのは当たり前で、それ以上を求める傾向が強くなっています。しかし、奇をてらうよりまずは基本をしっかり行うこと、**お客様がいつも同じ質のサービスを受けられる**ことが大切です。

CSはバトンリレー

最後までサービスがつながってこそ人は満足!!

スカンジナビア航空が経営危機に瀕したとき、サービスの質を高めることに再生をかけました。常に相手の立場にたったサービスを提供することです。同じようにアメリカのデパート、ノードストロームも究極のサービスで他社と差別化を図りました。両社とも顧客満足度が高い会社になっていることは言うまでもありません

5 キャリアを考える

キャリアとは

組織が社員のキャリアを担う時代は終わり、自分のキャリアは自分で責任を持つ時代に入りました。主体的なキャリアが求められる環境では、働き方を含むライフキャリアの視点を大切にし、**成長段階に応じて能力を高め、それをアウトプットしていくことが重要**になります。また、情報が氾濫する現代では、その中から最善を選ぶ力、進みたい方向を整理する力も必要です。

キャリアにはアップもダウンもなく、ラテン語やフランス語の〝道〟や〝轍《わだち》〟、〝車輪〟が語源と言われているように、**歩んできた過去とこれから歩む未来が、その人のキャリアとなっていくのです。**

マナーはポータブルスキル

働くスキルとして①プロフェッショナルスキル②ポータブルスキル③ヒューマンスキルが必要だと言われています。ポータブルスキルは、どの会社でも通用する持ち運びができるスキルです。もちろん**マナーもポータブルスキル**で、どの業種・職種に行っても、必ず役に立ちます。そしてキャリアをサポートしてくれます。

働くためのスキルとは？

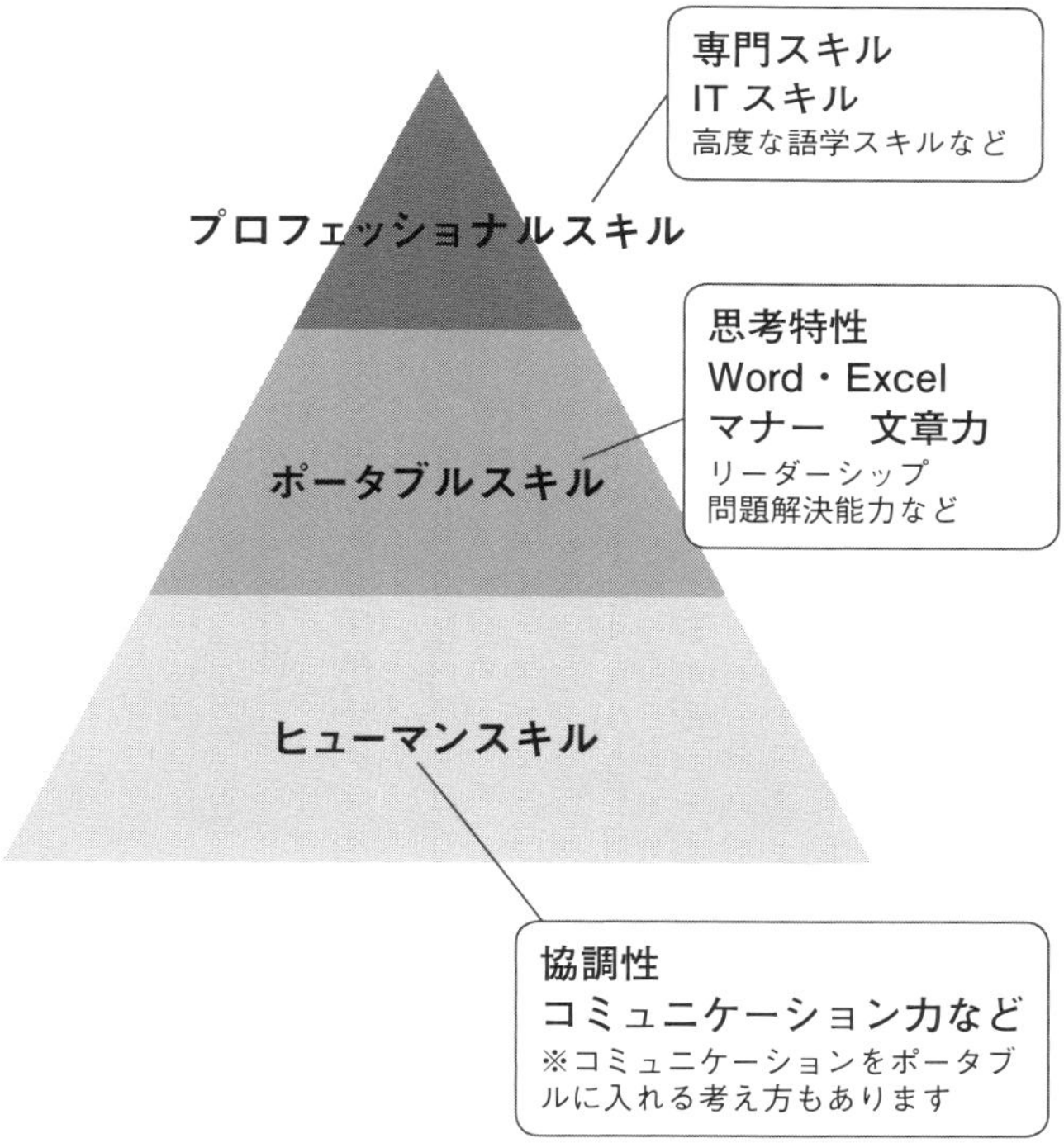

ポジティブシンキング

プラス思考は自分を楽にしてくれます。そして脳細胞が活性化し、ひらめきや自信を生み出すのです。思い悩んでいる時間をもっと楽しいことに使っていれば、元気が出て、それが周囲にも伝わっていきます。キャリアは一直線には進まず階段のようです。踊り場で立ち止まり、悩んだときもポジティブシンキングで乗りきりましょう

第二章

基本のマナー

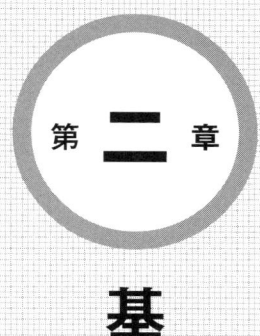

1 マナーとは

マナーに求められるもの

【礼節】という言葉があります。【礼】とは相手を敬い、【節】は区切り、ほどあい。人と人との付き合いを円滑にする作法を指す言葉だそうです。何だか難しそうですが、実はマナーも同じ、相手がいてこそのものです。つまり人と人とのかかわりの中で、相手を大切に思う気持ちがマナーとなっていくのです。

相手の立場に立って考える習慣が身につけば、マナーを習得したも同然です。その気持ちは必ず言葉や行動に表われてくるからです。

ビジネスの現場では

マナーは人間関係を円滑にして信頼を得る、企業のイメージをアップさせる、そしてビジネスチャンスにつながる……。でもそれ以上に自分自身を輝かせてくれるコミュニケーションツールがマナーです。身に付いたマナーは一生の財産になり、どのような場面でも皆さんをサポートしてくれます。心強い味方を得れば鬼に金棒、自信をもっていろいろな人とかかわっていくことができるでしょう。

マナーのこころ

マナーはプロトコル（形式）？ ルール（規則）？

プロトコル（仏語ではプロトコール）という言葉を聞いたことがありますか。国際的な場でのルールや技術のガイドラインのことですが、マナーの世界では「作法や形式、慣習」などと訳しています。また、スポーツのルールはペナルティが科せられることもありますが、マナーに絶対はありません。状況や相手に合わせてフレキシブルな対応をしていかなくてはならず、だからこそ基本が大切なのです

2 マナーとエチケットの違い

エチケットとは？

エチケットはフランス語、マナーは英語です。日本でのエチケットは「周囲の人を不快にさせない」という基本的な意味合いと作法的要素が強いようです。〝歯を磨く〟〝お風呂に入る〟〝ハンカチを携帯する〟などはエチケットですよね……というような感じです。**〝当たり前〟の作法であり、社会の要求度が高い**言葉です。

一方で**マナーは相手の立場にたって柔軟に対応する**気持ちの表れ。**他者への思いやりが言葉や行動を生んでいきます。**

マナーとエチケット、モラルの語源

マナーはラテン語の手を意味するマヌス（manus）からきています。手振りや手のしぐさが重要視されたのでしょうか。エチケットはフランス語の札（フダ）の意。英語のチケットはこれが語源です。宮廷の庭を荒らす人に立て札で「Etiquette～お庭を荒らさないで」とお願いしたことから、エチケットが作法として広まったと言われています。

モラルとは道徳・倫理のことです。もともとの語源はラテン語の習慣です。

マナーは運命になる？

ロシアの心理学者の言葉

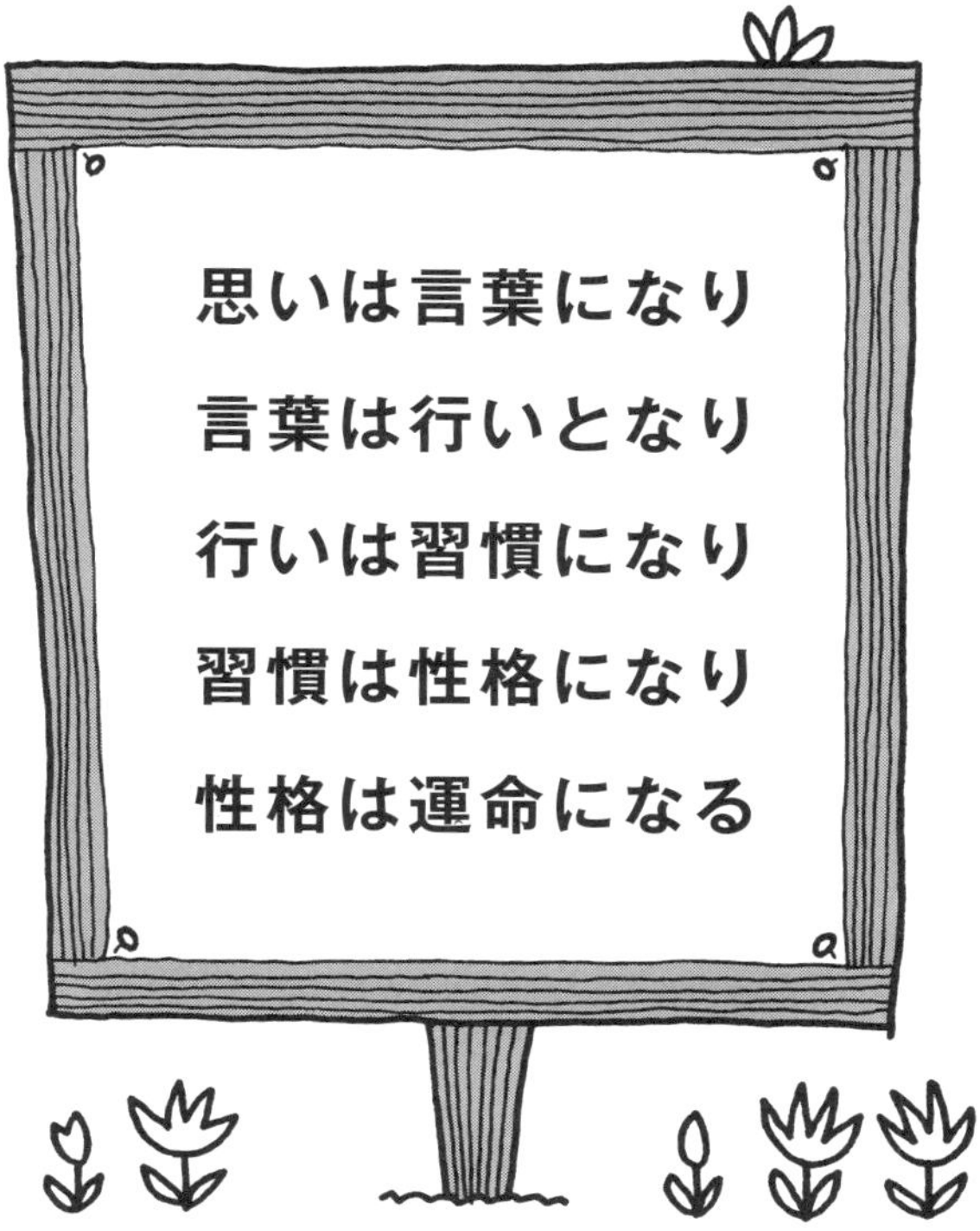
思いは言葉になり
言葉は行いとなり
行いは習慣になり
習慣は性格になり
性格は運命になる

3 第一印象〜First Impression

第一印象は何秒で決まる？

私たちは初対面の人に対して、「優しそうな人」など、相手の印象を瞬時に感じ取ります。時間にするとどれくらいでしょう。諸説がありますが、**10秒以内が有力**です。そして悪いイメージを持ってしまった場合、それを覆すには長い時間がかかると言われています。アメリカに次のようなことわざがあるほどです。

You never get a second chance to make a first impression.
（一度与えた第一印象をやり直すチャンスは二度と来ない）

第一印象がすべてではありませんが、その影響は少なくありません。面接に臨む時、仕事先の方と初めて会う時、良い印象は人間関係のスタートラインなのかもしれません。

好印象のポイント

〝人は中身が大事〟と言われていますが、最初に「暗い感じがする」「無愛想」「だらしがない」などの印象を与えては、中身を知ってもらえるチャンスを逃してしまいます。今後の関係を築きたい、採用されたいと考えるなら、視覚情報も重要です。

自己紹介で10秒

○○大学、○○学部○○学科、
スズキイチローと申します。
どうぞよろしくお願いいたします。

これで10秒

第一印象が決定

視覚情報（見た目）
も大事なポイント

アッシュの印象形成実験

最初にポジティブ特性を提示するとその印象が続く……つまり最初に提示される特性は、全体の印象を決定するという結果を発表しています。最初に良い印象を与えれば、相手は全体的に良い印象を持つようです

4 あいさつ

あいさつとは何でしょう。

みなさんは日ごろ、あいさつを誰に対して、どのような動作、言葉でおこなっていますか。元気よくあいさつすることは恥ずかしいことだと勘違いしていませんか。あいさつは**コミュニケーションの第一歩**。まずは自分から、誰に対しても明るい声と表情で行うことが大切です。そこから人間関係、信頼関係が生まれていくのです。

お辞儀の種類

お辞儀には３つの型があります。**会釈（15度）・敬礼（普通礼30度前後）・最敬礼（深い礼45度前後）**ですが、型を覚えてもあまり意味がありません（実際、３つの型の名称も会釈・普通礼・敬礼と呼んでいる場合あり）。お詫びの気持ちがあれば、自然に深く礼をしているからです。したがって、「ありがとう」や「申し訳ない」という想いを相手に伝えようという心が生まれてはじめて、その気持ちがお辞儀という形になるということなのです。

角度はあくまでも目安です。誠意を相手に伝えましょう。

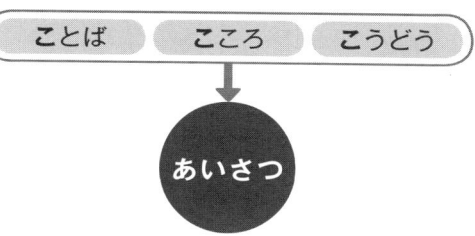

あいさつの基本

3つの“こ”

ことば　こころ　こうどう

↓

あいさつ

お辞儀の種類

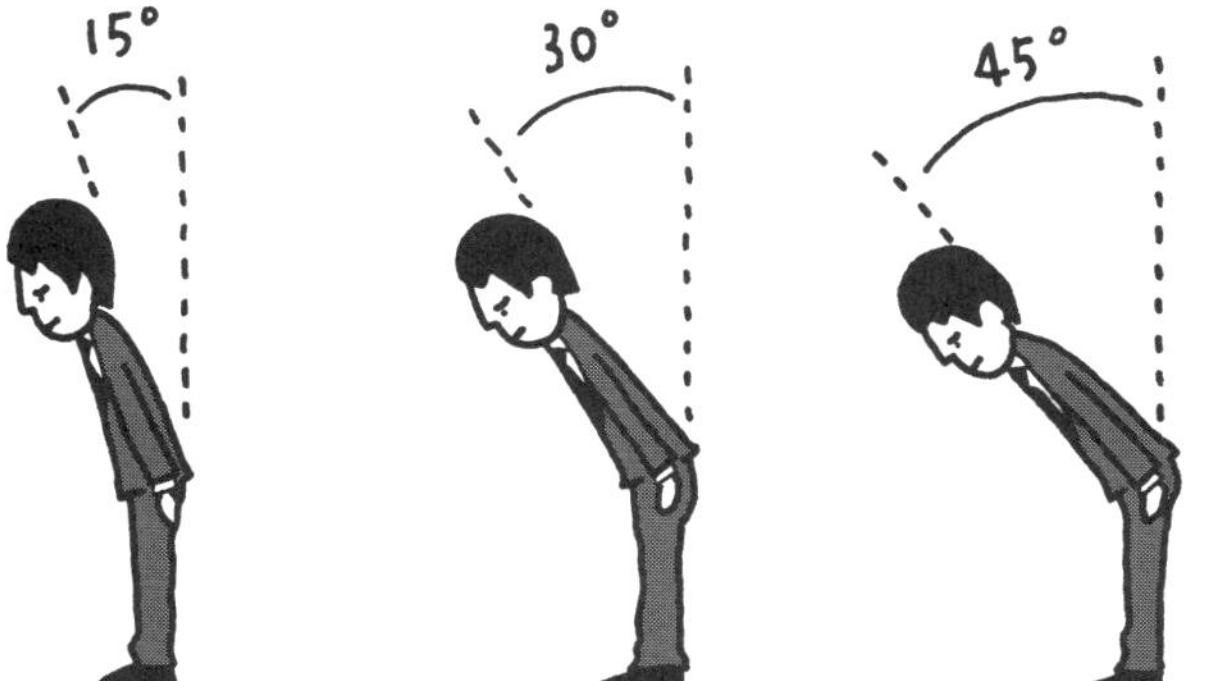

会釈
- 廊下
- ロビー
- すれ違う時

敬礼
- 来客応対
- 名刺交換
- お見送り

最敬礼
- お詫び
- 深い感謝

あいさつは挨拶と書き、これは相手に心を開いて（挨）近づいていく（拶）という意味があります。まさにコミュニケーションですね。お辞儀にはもう1つ「目礼」という種類もありますが、葬儀の席や来客応対中などで丁寧にあいさつができないときなどに目で気持ちを表します

5 姿勢とお辞儀のしかた

美しい姿勢

姿勢が悪いとくたびれた印象になってしまいます。逆に姿勢が決まっていると若々しいはつらつとした印象になります。大切なのは**意識すること**、そして**土台となる足元**です。かかとをつけて膝を伸ばし、お腹とお尻の筋肉を引締める……これだけでも凛とした立ち姿になります。頭の上から引っ張られているようなつもりで背筋を伸ばせば、さらにワンランク上の姿勢が出来上がります。

分離礼（語先後礼《ごせんごれい》）と同時礼

お辞儀の種類とは別に、お辞儀のしかたには**分離礼と同時礼の2種類**が存在します。

〈分離礼〉美しい姿勢を作り、5本の指は揃えて脇にしっかりつけます。相手の目を見て言葉を伝え、そして**頭と首と背筋が一直線**になるように上体を折り、**一呼吸おいてから丁寧に起こしていきます**。女性は自然に前で手を軽く組み、戻します。

〈同時礼〉会釈や通常の職場では同時礼のケースが多いようです。この場合でも相手の顔を見て言葉を発しながら上体を折るようにすると、丁寧な印象が出ます。

美しい姿勢とお辞儀ポイント

正しい姿勢

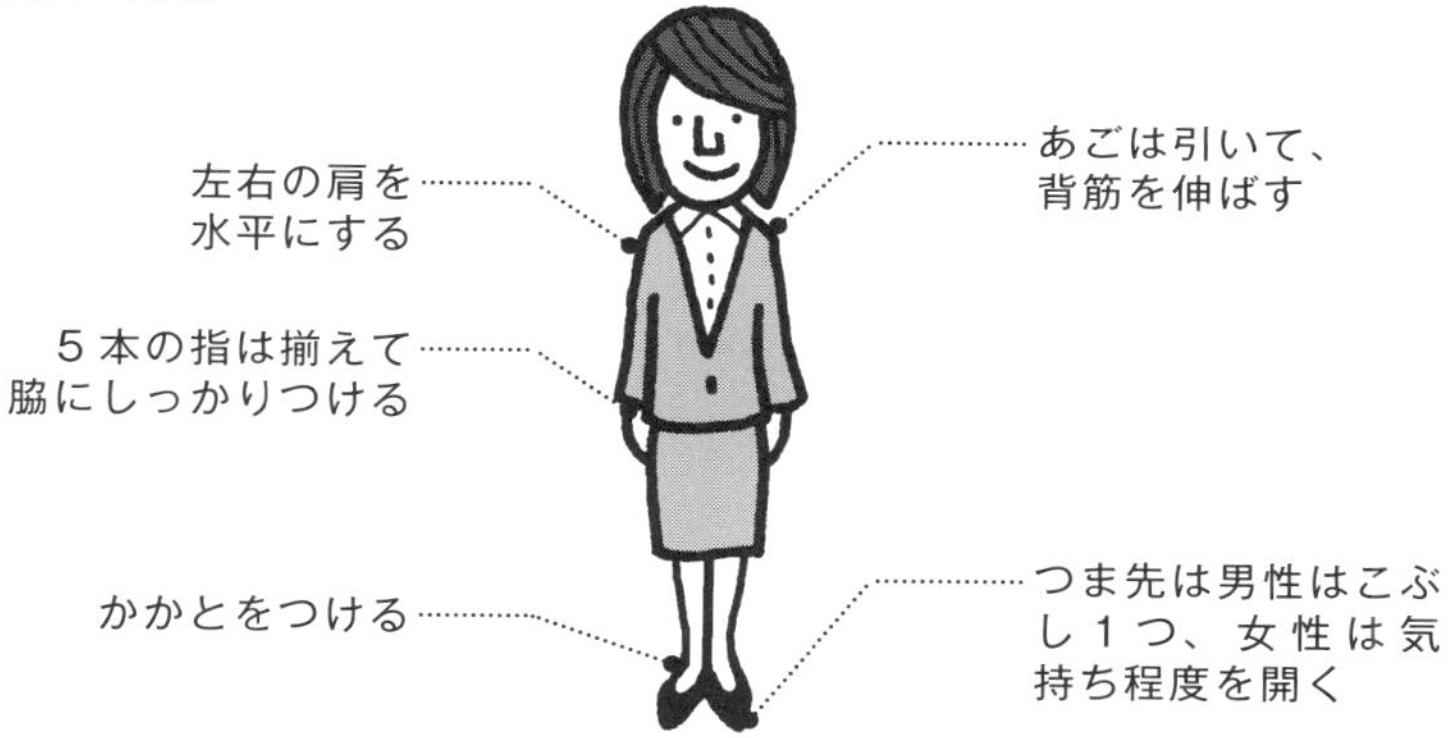

美しいお辞儀

・分離礼はまずアイコンタクト
・言葉を伝えてゆっくり丁寧に
・1メートル先を見るように
・最後も忘れずアイコンタクト

農耕民族は相手に頭を差し出すことで無抵抗と恭順（相手に従う）を示し、狩猟民族は武器を利き手に持っていないことを握手によって示すと言われています。日本人の握手はフニャフニャしていてdead fish（死んだ魚）と言われていますが、相手との信頼関係を構築する大切な場面です。しっかり誠意を込めて握手をしましょう。ただし女性には控え目に

6 あいさつの言葉と大切なポイント

しっかり伝わるあいさつとプラスα

あいさつの言葉はＴＰＯや業界によっても異なります。**どのような状況であっても「自分から先に」を心がけます。**そして、あいさつの後に「春らしくなりましたね」などのプラスαの言葉をつなげてこそ、人間関係が発展します。

あいさつ言葉のポイント

最近「アザース」という言葉を学生からよく聞きます。「ありがとうございます」の短縮バージョン（？）だそうです。そういえば社会人でも疲れた声で「オハッス」と聞こえる「おはようございます」を連発している人がいます。相手に伝わってこそ気持ちのいいあいさつ。恥ずかしがったり語尾を伸ばしたり、短縮形は意識してやめましょう。

「はい」は素敵な言葉

「はい」は「拝」からきているというひとつの解釈があります。「拝」は相手に対し敬意を表す言葉です。「はい」と明るく返事をされて嫌な気持ちになる人はいませんよね。**呼ばれたら「はい！」**忘れてはいませんか。

あいさつをしよう！

よく使う基本の言葉

10時半ころまで	おはようございます
はじめて会うとき	はじめまして
会社から外出するとき	行ってまいります
会社に戻ったとき	ただいま戻りました
他の人が外出するとき	行ってらっしゃい（ませ）
他の人が戻ったとき（ねぎらいをする）	お帰りなさい(ませ)／お疲れ様です(でした)
入退室するとき	失礼いたします
返事や指示を受けたとき	はい／かしこまりました
相手を待たせたとき	お待たせいたしました
自分が他の人より先に帰る時	お先に失礼いたします
お客様が来社したとき	いらっしゃいませ
日ごろのお礼	いつもお世話になっております
お客様が帰るとき	お疲れ様でした／失礼いたします
お礼	ありがとうございました
お詫び	（大変）申し訳ございません

T（time）P（place）O（occasion）
時と場所と状況によって言葉を使いこなそう！

「ご苦労様です」は目下の人に対する言葉、上司やお客様には「お疲れ様です」が正しい表現です
また、「かしこまりました」と「承知いたしました」は同じ意味ですが、日本人はサ行よりカ行のほうが発音しやすいと言われています

7 態度

マナーの態度って何？

人間関係がうまくいかなかったり、ストレスや不満がたまっていると、それが態度に表れてしまいます。〝飲みすぎ〟〝疲労や寝不足〟も同じです。動作が緩慢になりやる気も起こりませんよね。**きびきびした身のこなしや明るい表情は、実は内面から出てくる**ものです。

健康管理と自己啓発

社会人になると毎日が忙しく、時間に追われることが多くなります。頭では「内面が外側に出る」ことを理解していても、コントロールをすることはやはり難しいもの。そんな時でも楽しいことがアフター5に待っていたり、資格取得を目指して勉強中だったりすると、自然と仕事にメリハリができ、その気持ちが態度に出てくるものです。小さな楽しみや自分なりのストレス解消法を見つけておき、健康的な生活を心がけましょう。短いスパンと長いスパンでの目標を立てることもオススメです。心と身体をリフレッシュ、そしてリセットすることで仕事への意欲も沸いてきます。

内面は態度に出る!?

十分な睡眠

健康的な食生活

ストレス解消！

目標!! 夏までに３キロ

資格取得！

8 身だしなみⅠ ～おしゃれとの違い

身だしなみとおしゃれの違い

身なりのたしなみ（心がけ）が身だしなみ……。〝だらしない〟印象を与えてしまうと中身で勝負する前に外見でシャットアウトされてしまいます。また、会社のイメージにもつながります。**身だしなみは他者評価、おしゃれは自己評価**だと言われているように、前者は相手を考えて、後者は自分のためのファッションになります。もちろんビジネスの場ではＴＰＯに合わせることが大切です。基本は清潔感・機能性・調和です。

清潔感：社会に出ると学生の頃には接触が少なかった世代やタイプの人と会う機会が多くなります。どのような人にとっても好ましい身だしなみの基本は清潔感です。

機能性：お辞儀やお茶出し、書類の授受に邪魔になるような装飾品は外しておきます。また、靴やかばんも**動きやすいもの、使いやすいものが一番**です。

調和：昔と異なり、制服がない会社も増えています。カジュアルな装いでもＯＫだったりと、会社の業態によってもずいぶん幅が出てきました。**新人の間は先輩を参考に、不快感を与えないものを選ぶ配慮が必要**です。

身だしなみの守破離

守 …… 教えを正確に身につけていく

破 …… 少しずつ自己流のものを取り入れていく

離 …… 自分のスタイルを築き上げていく

9 身だしなみⅡ～男性と女性

男性編

男性でよくあるNGは〝だらしなさ〟です。ぼさぼさの髪型、えりや袖口の汚れ、ヨレヨレのスーツ、磨かれていない靴などなど。体型より大きなスーツはルーズに見えますので注意しましょう。

またためがねや時計に凝る人がいますが、あまり個性的なタイプはビジネスの場では不向きです。身だしなみが整ってこそ、できるビジネスマンなのです。

女性編

女性の場合はファッションが多岐にわたるので、気をつける点も多くあります。アクセサリーは仕事の邪魔にならないシンプルなものが良く、揺れたりジャラジャラするものは不向きです。髪型も同様です。仕事の邪魔にならない、不快感を与えないという考えから、ロングヘアはまとめたほうが良いでしょう。露出度の高い服やミュール・ピンヒール・ブーツもビジネスの場にはふさわしくありません。

基本スタイル

男性

寝癖を直す
ひげをチェック
ネクタイは
曲がってないか
ボタンをチェック
ズボンからシャツが
出ていないか
靴はきれいに磨く

女性

色は控えめ、
ロングはまとめる
揺れるイヤリング
はNG
ナチュラルメイク
＆ネイル
露出は避ける
ストッキングの
伝線に注意
ヒールの高さは
3㎝

10

身だしなみⅢ～大学生就活編

■大学生

就職活動スタイルは時代とともに変化し、スーツの色や形、髪型は多少流行があるものです。不安な場合は〝リクルートスーツ〟売り場で相談するのが一番です。「個性を出したほうが……」という質問を良く受けるのですが、個性が際立ちすぎてマイナス評価につながらないとも限りません。**服装や髪形で目立つより、意欲や態度で勝負**しましょう。

■男子学生編

学生対象のセミナーでは「くせ毛」「ひげが濃い」から「飾りのある靴やストライプのスーツは？」など、多くの質問を受けます。くせ毛やひげの濃さは仕方ありませんよね。ただし、ファッション性の高いデザイン靴や太いストライプは面接には不向きです。

■女子学生編

女子学生の場合、スカートの丈、髪型、えりの見せ方に質問が集中します。スカートは座った時に若干膝を覆う長さが良いでしょう。髪型は表情を隠さないようにまとめ、えりはスーツから出しても入れてもＯＫです。ストッキングはベージュにします。

面接基本スタイル

男子学生

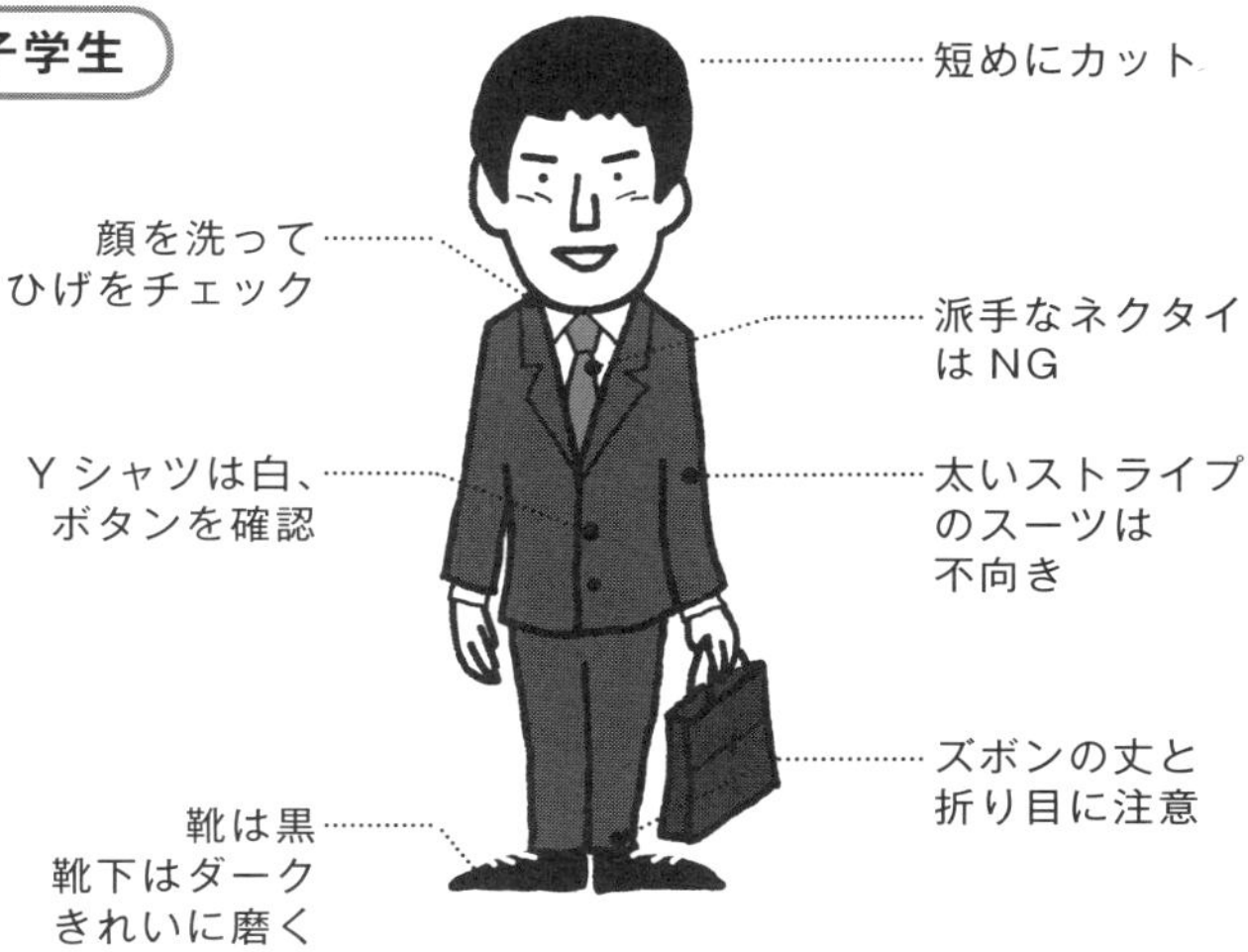
短めにカット
顔を洗って
ひげをチェック
派手なネクタイ
はNG
Yシャツは白、
ボタンを確認
太いストライプ
のスーツは
不向き
ズボンの丈と
折り目に注意
靴は黒
靴下はダーク
きれいに磨く

女子学生

前髪を整え、
ロングはまとめる
アクセサリーは
外す
ナチュラル
メイク＆ネイル
シャツは白が無難
胸元に注意
ストッキングは
ベージュ
伝線に注意
靴は黒
ヒールの高さは3㎝

身だしなみチェックシート（男性）

	チェックポイント	○△×
髪型	寝癖や過剰にワックスをつけていませんか	
	職場にふさわしい長さですか	
顔	ひげのそり残しはないですか	
	歯や耳は清潔ですか	
服装	くたびれた印象、シワはないですか	
	Y シャツはプレスされていますか	
	袖や襟繰りに汚れがありませんか	
	上着のボタンは留めていますか（座ったときに第 3 ボタンは外して OK）	
	上着やズボンのポケットに物を詰め込んでいませんか	
	ネクタイの柄は職場に合っていますか	
	ベルト、靴下はスーツに合った色ですか	
靴	きれいに磨いてあり、かかとはすり減っていませんか	
	色や形は派手ではないですか	
手	爪は伸びていませんか	
鞄	A4 が入る大きさのサイズですか	
	汚れがついてくたびれていませんか	
小物	手帳、名刺入れ、ハンカチ、ティッシュはありますか	

身だしなみチェックシート(女性)

	チェックポイント	○△×
髪型	仕事に邪魔にならないように工夫していますか	
	髪の色は適切ですか	
メイク	職場にふさわしいメイクですか	
	濃すぎたり、流行を追いすぎていませんか	
顔	歯は清潔ですか	
服装	くたびれた印象、シワはないですか	
	スカートや袖口の汚れやほつれはないですか	
	袖や襟繰りに汚れがありませんか	
	露出が多く、下着が見えていませんか	
	ストッキングに伝線はしていませんか(素足はNG)	
	アクセサリーが仕事の邪魔になっていませんか	
靴	きれいに磨いてあり、かかとはすり減っていませんか	
	色や形は派手ではないですか	
手	爪は伸びていませんか	
	マニキュアはナチュラルですか	
鞄	職場にふさわしいバックですか	
小物	手帳、名刺入れ、ハンカチ、ティッシュはありますか	
	ストッキングの予備やソーイングセットはありますか	

第三章

言葉のマナー

1 言葉のマナー

コミュニケーションとは

コミュニケーションにはいくつもの定義があります。大枠としては「話す・聴く・書く・読む・かかわる」ですが、中でも〝話す〟〝聴く〟はビジネスの場ではなくてはならないコミュニケーションです。そのために**分かりやすく丁寧に話し、また相手が話していることを正確に聴く。この繰り返しが仕事**なのです。

仕事の質を高めるためにはコミュニケーションスキルを向上させていくことが必要ですが、その**ポイントはスキル（技）とマナー（心）**です。スキルは学習によって身に付きます。そしてマナーは〝相手の身になる〟ことが大切ですよね。

感じの良さと誠実さ

社会人になればいろいろな世代の人と接する機会が増えます。言葉づかいに苦手意識を持っていては積極的に会話を進めようとする姿勢がなくなり、仕事に支障をきたす恐れがあります。「相手に恥をかかせない」ということを踏まえ、「感じのよい誠実な話し方」を心がけていれば、多少文法が間違っていても相手は受け入れてくれるものです。

コミュニケーションを取ろう

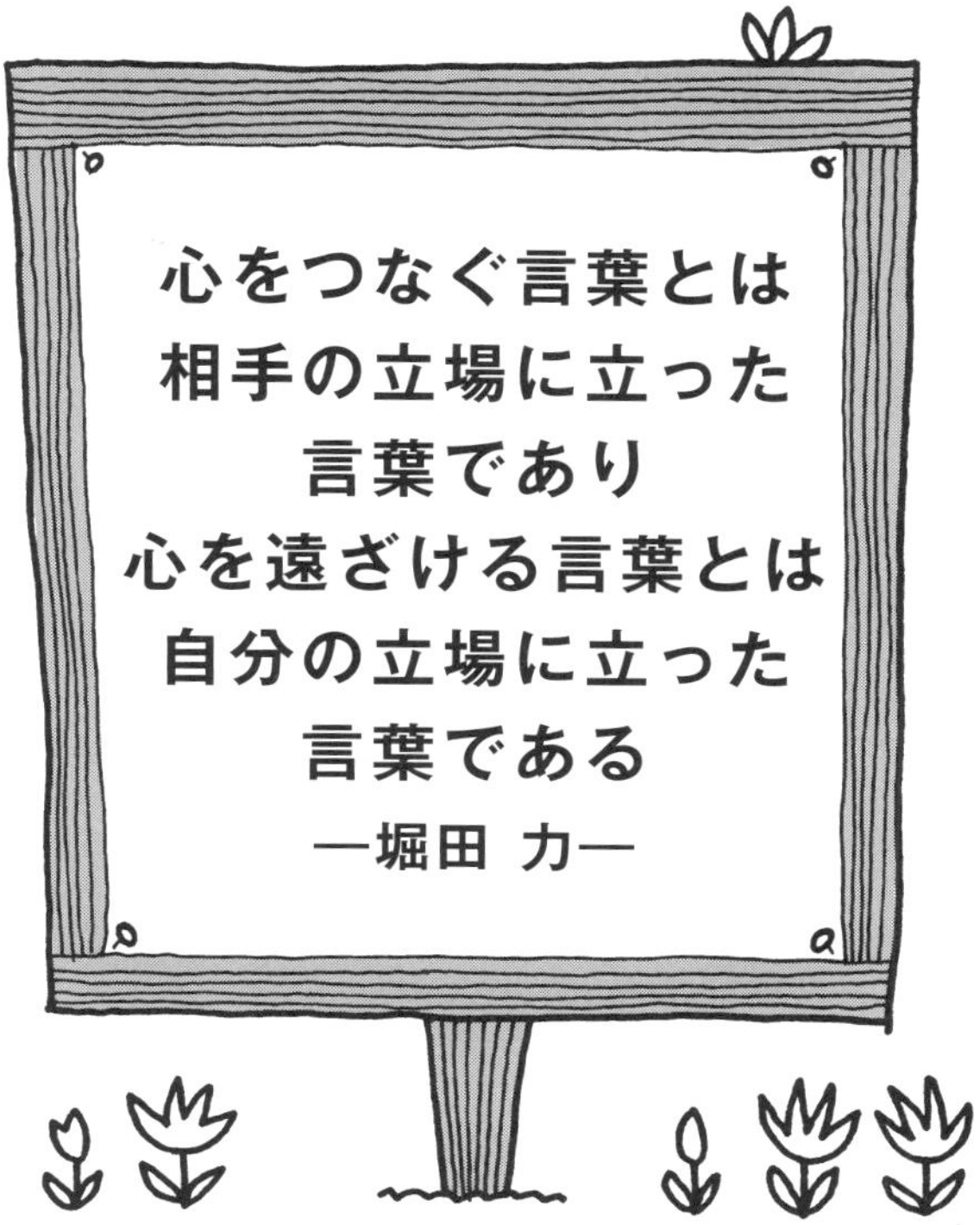
心をつなぐ言葉とは
相手の立場に立った
言葉であり
心を遠ざける言葉とは
自分の立場に立った
言葉である
―堀田 力―

2 言葉づかいⅠ ～敬語の種類

敬語とは

敬語は相手との距離を埋めてくれる役割と人間関係を守る役割、そして**社会人の常識を図る尺度**にもなっています。

尊敬語・謙譲語・丁寧語の3種類に美化語を加え、さらに近年は謙譲語をⅠⅡと分類していますが、正しい敬語を使えるということは社会人として大きな強みになります。言葉づかいに自信があれば、臆することなく目上の人とも話すことができ（距離を埋める）、相手にも敬意を持って接することができるので恥をかかせなくてすみます（関係を守る）。

敬語の種類

尊敬語……相手の行為を高めて敬意を表す

謙譲語……自分の行為を低めて敬意を表す

丁寧語……言い方を丁寧にして敬意を表す（です・ます）

美化語……言葉自体を丁寧にして柔らかくする（お・ご）

敬語を使いこなそう

相手を敬うのには２つの方法がある！
相手を高めること or 自分を低めること

●尊敬語は主語が相手

●謙譲語は主語が私か身内

社外の人	→ 尊敬語を使う
社内の人	→ 上司や先輩には尊敬語を使う
社内の身内の人	→ 社内の人にも尊敬語を使う

3 言葉づかいⅡ～基本用語

基本の形

原型	尊敬語	謙譲語	丁寧語
する	なさる	いたす	します
いる	いらっしゃる	おる	います
行く	いらっしゃる 行かれる	まいる / 伺う	行きます
来る	いらっしゃる お見えになる	まいる / 伺う	来ます
言う	おっしゃる	申す	言います
食べる	召し上がる	いただく	食べます
見る	ご覧になる	拝見する	見ます
聞く	お聞きになる	伺う / 拝聴する	聞きます
読む	お読みになる	拝読する	読みます
もらう	お受け取りになる	いただく / 賜る 頂戴する	もらいます

自称と他称

	相手側	自分側
人	あなた・あなた様	わたくし
会社	貴社・御社	当社・弊社・私ども
学校	貴学・貴校・御校	当校・本学
場所	御地・貴地・貴地方	当地・当地方・当所
自宅	ご自宅・お住まい	拙宅
考え	私見・愚見	ご意見・ご高見・ご意向
実父・夫の父	お父様・お父上・ご尊父様	父・舅・義父
実母・夫の母	お母様・お母上・ご母堂様	母・姑・義母
妻の父	ご岳父様	父・義父
妻の母	ご岳母様・ご丈母様	母・義母
夫／妻	ご主人（様）／奥様・ご令室	夫・主人／妻・家内
息子／娘	ご子息・ご令息・お坊ちゃま／ご令嬢・ご息女・お嬢様	せがれ・息子／娘

ビジネス用語の基本

誰	どなた
昨日 / おととい	昨日（さくじつ）/ 一昨日
今日	本日
明日／あさって	明日（みょうにち）/ 明後日
このあいだ	先日
今	ただ今
こんど	このたび
ちょっと	少々／少し
あとで	後ほど

4 言葉づかいⅢ ～間違い表現

過剰敬語

敬語はその使い方が非常に難しく、間違った言葉づかいをしている社会人も多く見かけます。３章①でも書いたように、心が入っていれば多少の間違いはそれほど気になりませんが、敬語が過剰に使われている表現はスマートとはいえません。特に敬語をダブルで使う二重敬語はくどい感じがします。二重敬語の線引きは微妙で、完全に間違っている表現とは言い難いものもありますが、「過ぎたるは及ばざるがごとし」ということで、間違いというよりはふさわしくない表現という認識を持ちましょう。

「お～られる」「ご～られる」「ご～される」は二重敬語の代表で、「おっしゃられる」は「お」と「られる」の両方が敬う表現なので「おっしゃる」が適切です。

マニュアル言葉と若者言葉

ファーストフードなどでは接客の際の言葉づかいにマニュアル化が進んでいます。一定の質を保つにはマニュアルは大変重宝しますが、間違った使い方が定着している場合は、とても耳障りに聞こえます。「～ていうか」などの若者言葉も同様です。

誤った表現を使っていませんか

二重敬語？

誤	正しくは？
社長がおっしゃられた	社長がおっしゃった
どうぞお召し上がりになられて	どうぞ召し上がって

マニュアル言葉？若者言葉？

誤	正しくは？
こちらでよろしかったでしょうか	こちらでよろしいでしょうか
1000円からお預かりいたします	1000円お預かりいたします
私的には	私としては
超大変です	すごく大変です
～ていうか ～じゃない？ ○○っぽい	決定をぼやかす表現なのでふさわしくありません

間違いやすい表現一覧表

尊敬語と謙譲語の混同

間違った表現	正しい表現
課長はおられますか	課長はいらっしゃいますか
お昼はいただかれましたか	お昼は召し上がりましたか
部長が申されたように（社内）	部長がおっしゃったように
あちらで伺ってください	あちらでお尋ねください

二重敬語

ご訪問されますか	訪問されますか／ご訪問なさいますか／ご訪問になりますか
お戻りになられる	戻られる／お戻りになる

若者言葉

軽食なら食べれます	軽食なら食べられます
マジ頑張ります	本気で取り組みます（頑張ります）
ここのランチ、うまっ！	ここのランチ、おいしいです

美化語の乱用

次の言葉には基本的に美化語はつけません。

動物	×お犬／おくじら
植物	×お桜／お雑草
自然現象や色	×お雨／お地震／お緑
外来語	×おジュース／おパソコン
品のない言葉	×おなぐる／おまぬけ
病気	×お骨折／お頭痛

※動植物、自然現象などは敬語を使いません

✓ 言葉づかいチェックシート

適切な表現に直してみましょう（正解はP75）

（正解はP75）

①お名前を頂戴できますでしょうか
〔　　　　　　　　　　　　　　　　　　　　〕
②加藤の方は席を外しております
〔　　　　　　　　　　　　　　　　　　　　〕
③既に資料はいただかれましたか
〔　　　　　　　　　　　　　　　　　　　　〕
④お戻りになられた頃ご連絡いたします
〔　　　　　　　　　　　　　　　　　　　　〕
⑤来週でしたらお求めできます
〔　　　　　　　　　　　　　　　　　　　　〕
⑥お忘れ物をされませんように
〔　　　　　　　　　　　　　　　　　　　　〕
⑦ご依頼のサンプルになります
〔　　　　　　　　　　　　　　　　　　　　〕
⑧お客様が申されたように
〔　　　　　　　　　　　　　　　　　　　　〕
⑨どちらにいたしますか
〔　　　　　　　　　　　　　　　　　　　　〕
⑩社長、ご苦労様でした
〔　　　　　　　　　　　　　　　　　　　　〕

5 接遇用語～クッション言葉

接遇とは

接遇とは〝もてなす〟こと、つまり相手の身になった応対のことをいいます。そのためのことばが「接遇用語」です。

冬の寒い日に来てくれたお客様の労に対し、**「お寒い中お越しいただきましてありがとうございます」**とねぎらいの言葉をかけることは大切なことですし、その言葉が自然に出るとなお良いですよね。

暑い日には「お暑い中ありがとうございます」、雨の降る日には「お足元の悪い中ありがとうございます」というような接遇用語があります。デパートやスーパーでよく耳にする言葉です。

クッションの役目

接遇用語は最初にクッションの役割を果たす言葉がつきます。この言葉を「クッション言葉」と呼んでいます。文字通り、**会話を柔らかく、ソフトにする役目**がありますが〝相手に何かお願いする時〟や〝相手の意に反する時に〟用います。

クッションの役目！

クッション言葉の一例

依頼するとき	お手数ですが／恐縮ですが お差支えなければ／ご迷惑でなければ
断るとき	せっかくですが／あいにく／残念ですが
提案するとき	よろしければ／お差支えなければ

6 肯定表現とあとよし言葉

前向きに表現することの大切さ

ビジネス会話では感じの良い、わかりやすい話し方が求められます。**難しい言葉やカタカナ言葉、専門用語などはなるべく使わないようにしましょう。略語も同様です。**ひとつの業界で当たり前でも、理解できない言葉は意外と多いものです。

また、感じの良い話し方に**否定形を肯定形にする**方法があります。肯定表現にすると、話している内容は同じでも受け取る側の印象がまったく異なります。「おたばこは禁止です」（否定）を肯定表現にすると、「おたばこはご遠慮いただけますでしょうか」（肯定）や「喫煙はあちらでお願いしております」（肯定）という表現になります。

プラスの言葉をうしろに持ってくる

「明るいけど怒りっぽい」「怒りっぽいけど明るい」を比較すると、前者は「怒りっぽい」が印象として残りませんか。うしろに良い言葉を残すと、短所も軽減され相手に良い印象を与えます。ビジネスでも「頑張っていますが納期が遅れそうです」を「納期が遅れそうですが頑張っています」と伝えれば、あまり悪い印象は残りません。

ワンランク上のコミュニケーション

言葉のマジックを上手に利用しよう

×悪い印象

こちらの商品は素材が良いので長くお使いになれますが、**お値段が高くなります**

◯良い印象

こちらの商品はお値段が高くなりますが、素材が良いので**長くお使いになれます**

あるベーカリーの出来事

食パンをサンドイッチ用に12枚スライスをお願いしたところ、「焼き立てなので12枚にはスライスできません」との店員からの返事。結局別のパンを購入したのですが、そのとき「焼き立てなので10枚でしたらスライスできます」との肯定表現だったら……購入したかもしれません

7 感じの良い話し方

決定は相手にゆだねる依頼形

「～してください」という言葉には、選択肢がなく、そのとおりにしなくてはならない命令的なイメージがあります。この表現を「～してくださいますでしょうか」という依頼形に変えただけで〝決定権は相手〟となり、受け取る側の印象が柔らかくなります。

例えば「こちらでお待ちください」を「こちらでお待ちいただけますでしょうか」と依頼形にするだけで、とても丁寧に聞こえます。さらにクッション言葉をプラスして「恐れ入りますが、こちらでお待ちいただけますでしょうか」とすれば、完璧です！

代替案《だいたいあん》を伝える

肯定表現にも使えますが、依頼されたことができない場合や商品が切れている場合などは、**代替案を示すことが大事です**。そうすることで選択肢が広がり、信頼やつながりを得ることができます。「あいにく○○は切らしておりますが、○日頃入荷予定ですのでご連絡いたしましょうか」とか、「その商品は現在扱っておりませんが、こちらの商品ではいかがでしょうか」などと前向きな表現がポイントです。

プラス思考で代替案を示そう

8 ビジネス用語

ビジネスで使われる表現

わかりました	かしこまりました／承知いたしました
すみません	申し訳ございません
どうですか	いかがでしょうか
いらないです	結構です
できません	いたしかねます
そうです	さようでございます
いくら	いかほど
何でも	なんなりと
今度	このたび
ちょっと待ってください	少々お待ちいただけますでしょうか
どうですか	いかがでしょうか
座ってください	おかけください
もう知っていると思うが	既にご存じのことと思いますが
せっかくですが	あいにくですが
そんなことは	そのようなことは
今、席にいません	ただ今、席をはずしております
帰ってください	お引き取りください
天気の悪いときに	お足もとの悪い中

椅子をすすめて待ってもらう場合

△ お座りになってお待ちください

○ おかけになってお待ちください

◎ おかけになってお待ちいただけますでしょうか

ビジネスシーンでは、相手が不愉快にならない言葉、またその場にふさわしい丁寧な言葉を使うことが求められます
しかしながら地方によっては、その地の方言が親しみやすい印象を与えることもあります。柔軟性がマナーにも大切です

9 傾聴Ⅰ～傾聴の大切さ

聴くことの大切さ

〝きく〟には聞く・聴く・訊くがあり、英単語にするとhear・listen・askとなります。傾聴は聴くという文字を使いますが、この聴くには**「相手の話に心を傾けてきく」**という意味合いがあります。簡単なようで、どれだけの人ができているでしょうか。

営業成績が良い人は、常に相手のニーズを引き出すためにこの「聴く」というコミュニケーションの基本ができていると言われています。聴くことで、相手が何を求めているのか、今何が課題なのかをキャッチすることができ、そのうえでの提案は相手の心を捉え、一歩近づくことができるのです。雑談からでも相手の好みや興味のあることなどを知ることができますよね。

「聴く」はコミュニケーションのマナーではないでしょうか。

人に好かれる聴き方

米の実業家、カーネギーは「人の話を聴くことで人生の80％は成功する」と言っています。「話を奪わない」「即座に否定しない」「反論に反論しない」がポイントです。

積極的傾聴のススメ

〈タブーな態度〉

10 傾聴Ⅱ～スキル

聴き上手の力①～ミスが軽減

すべての職種に聴くという役割が存在します。営業やサービス職はもちろんのこと、スタッフ部門でも社内の人や業者とのやりとりの中に日々この行為が行われています。きちんと聴くからこそ、ミスが出なくなり、また、疑問が出たり、質問することができるのです。

聴き上手の力②～信頼が生まれ情報が集まる

人は誰しも自分の話しを聴いてくれる人に好感を持ち、信頼します。つまり、聴く力がある人には人が集まり、人が集まるということはいろいろな情報が集まってくるということです。一方的なコミュニケーションより7（聴く）：3（話す）位の気持ちが大切です。

聴く態度のポイント

上手なコミュニケーションにはポイントがあります。自然にできれば「聴く達人」です！ 次のページのポイントを身につけて、聴き上手を目指しましょう。

傾聴のスキル

①あいづち	うなずく行為とともに、「そうですか」「すばらしいですね」などのあいづちが重要。「はいはい」「なるほどなるほど」と言葉を繰返すと適当に聞いている印象が残る
②身だしなみ	相手に不快感を与えない
③アイコンタクト	上目づかいやキョロキョロしない
④姿勢	前傾姿勢を取る（自然と聴く気持ちが前傾姿勢となる）
⑤態度	足を組んだり、腕組みは避けたほうがよい。ふんぞり返るのはもってのほか
⑥反射・反映（復唱）	「クレームがあったんだけど……」 「そうなんですか、クレームがあったんですね」
⑦共感	相手の感情に共感する
⑧要約	相手の話と食い違いがないように時々話をまとめる
⑨促し	「それから？」「それでどうなりました？」など、相手の話を続けさせる。「だから？」は圧迫感がある表現なので控える
⑩質問	理解を深める質問を適切に行う

✓ ビジネス用語チェックシート

■**適切な表現に直してみましょう**（正解はP75）

①今席にいません

〔　　〕

②天気の悪いときに、すみません

〔　　〕

③帰ってください

〔　　〕

④そんなことはできない

〔　　〕

⑤もう知っていると思うが

〔　　〕

⑥私ではわかりません

〔　　〕

⑦何とかしてほしい

〔　　〕

⑧確かに言っておく

〔　　〕

⑨気を遣ってくれてありがとう

〔　　〕

⑩なんでも言いつけてくれ

〔　　〕

■クッション言葉を入れて文を完成させましょう（正解はP76）（同じ言葉の使用は不可）

①（　　　　　　　　）席をはずしております
②（　　　　　　　　）もう一度お越しいただけますでしょうか
③（　　　　　　　　）メールで送っていただけますでしょうか
④（　　　　　　　　）お名刺を頂戴できますでしょうか
⑤（　　　　　　　　）明日は伺うことができません
⑥（　　　　　　　　）ご用件をお聞かせいただけますでしょうか

■肯定表現の文章に直しましょう（正解はP76）

①廊下は走るな
〔　　　　　　　　　　　　　　　　〕
②本を読まないと知識が増えません
〔　　　　　　　　　　　　　　　　〕
③ 1000円しかお財布にありません
〔　　　　　　　　　　　　　　　　〕
④ 5時まで戻りません
〔　　　　　　　　　　　　　　　　〕
⑤在庫がありません
〔　　　　　　　　　　　　　　　　〕
⑥こちらから入らないでください
〔　　　　　　　　　　　　　　　　〕

■依頼形の文章に直しましょう（正解はP76）

（正解はP76）

①座ってお待ちください

〔　　　　　　　　　　　　　　　　　　　〕

②こちらにお書きください

〔　　　　　　　　　　　　　　　　　　　〕

③ご用件を聞かせてください

〔　　　　　　　　　　　　　　　　　　　〕

④たばこは吸わないでください

〔　　　　　　　　　　　　　　　　　　　〕

⑤あいにく鈴木は外出中ですが、佐藤ならおります

〔　　　　　　　　　　　　　　　　　　　〕

⑥ご発送は承っておりません

〔　　　　　　　　　　　　　　　　　　　〕

ポイント

「～してくださいますでしょうか」と「～していただけますでしょうか」はどちらでも依頼表現です。前者は尊敬表現、後者は謙譲表現です。よく耳にするのは「～していただけますでしょうか」の表現です。また、「～していただけませんでしょうか」も間違いではありませんが、強調的な響きがあり、また not（否定）が入った表現なので、あまりふさわしくないという説もあります。

✓ 言葉づかいチェックシート【解答】

適切な表現に直してみましょう

①お名前をお伺いできますでしょうか／
　お名前をお聞かせいただけますでしょうか
②加藤は席を外しております
③既に資料はお手元にございますでしょうか
④お戻りになりましたころ、ご連絡いたします
⑤来週でしたらお求めになれます
⑥お忘れ物をなさいませんように
⑦ご依頼のサンプルでございます
⑧お客様がおっしゃったように
⑨どちらになさいますか
⑩社長、お疲れ様でした

✓ ビジネス用語チェックシート【解答】

適切な表現に直してみましょう

①あいにくただ今席をはずしております
②お足もとの悪い中、申し訳ありません
③お引き取りいただけますでしょうか
④そのようなことはいたしかねます
⑤既にご存じ（ご承知）のことと思いますが
⑥私ではわかりかねます
⑦ご配慮いただけないでしょうか／ご配慮願えませんでしょうか
⑧確かに申し伝えます／確かにお伝えいたします
⑨お気づかいいただきましてありがとうございます
⑩何なりとお申し付けください

クッション言葉を入れて文を完成させましょう（同じ言葉の使用は不可）

①あいにく／申し訳ございませんが
②恐れ入りますが／お手数ですが
③よろしければ／恐れ入りますが／お手数ですが
④よろしければ／恐れ入りますが
⑤残念ながら／あいにく／申し訳ございませんが
⑥お差支えなければ／よろしければ

肯定表現の文章に直しましょう

①廊下は歩きましょう
②本を読むと知識が増えます
③ 1000 円もお財布にあります
④ 5 時には戻る予定です／ 5 時には戻ります
⑤在庫を切らしております
⑥あちらからお入りください

依頼形の文章に直しましょう

①おかけになってお待ちいただけますでしょうか
②こちらにお書きくださいますでしょうか
③ご用件をお聞かせいただけますでしょうか
④おたばこはご遠慮いただけますでしょうか
⑤あいにく鈴木は外出中ですが、佐藤ではいかがでしょうか
⑥お持ちかえりのみでお願いしております

第四章

来客応対と訪問マナー

1 来客応対Ⅰ～受付の基本

会社の第一印象

会社の第一印象は**最初に接する人の応対でほぼ決まります**。受付担当ではなくても、来客があればすぐに応対するのが礼儀です。世代も業種も様々なお客様が訪れますが、どのような人でも**丁寧にしっかり迎えましょう**。大切なポイントは次の４つです。

①来客には笑顔で接する……表情やあいさつ、言葉づかいは基本
②来客には公平に接する……顔見知りや役職、見た目などで差別しない
③来客を待たせない……スピーディーな応対を心がける
④来客の来訪目的をしっかり掴む……相手のニーズに合わせた応対、取り次ぎが必要

クレームを生まない応対の心がけ

相手をイライラさせたり、怒らせたりはクレームを生むようなもの。丁寧に、来訪順に、テキパキとした応対が求められます。そのためには「誰に取り次いだらいいのか」「その話はどの商品についてなのか」など、**会社の組織や業務内容をしっかり把握**しておくことが重要です。〝**応対の遅さ**〟や〝**感じの悪さ**〟**はクレームの元**です。

お客様に気付こう

笑顔の効果

心理学者メラビアンが研究したように、第一印象に表情が大きく影響します。特に笑顔は相手に安心感を与え、伝染するとも言われています。口角を上げて笑顔で接するだけで印象度アップです

2 来客応対Ⅱ～受付の注意点

何事も来客最優先

他のお客様の応対をしている時や、電話に出ている最中のお客様にはどのように接すれば良いのでしょう。対応中の案件が終わるまで待たせては、会社の第一印象が悪くなり、相手の感情を害してしまうおそれがあります。基本は「順次受付」ですが、注意するポイントは次の3つです。

①相手の事情を最大限受け止める……緊急性、重要性のある場合は考慮する

②アイコンタクトであいさつ……電話中や来客応対中の場合、アイコンタクトで〝あいさつ〟をし、椅子を示して座って待ってもらう

③気にかける……取り次ぎ相手が遅れている場合、再度連絡を入れたりなど、来客をほうっておかない（待ち時間を伝えられるとよい）

会社名と名前を覚える

人は自分の**名前を覚えてくれるとうれしいもの**です。逆にいつまでも「失礼ですがどちら様でしょうか」と聞かれるとがっかりします。名前と顔は早目に覚えましょう。

名前を覚えよう

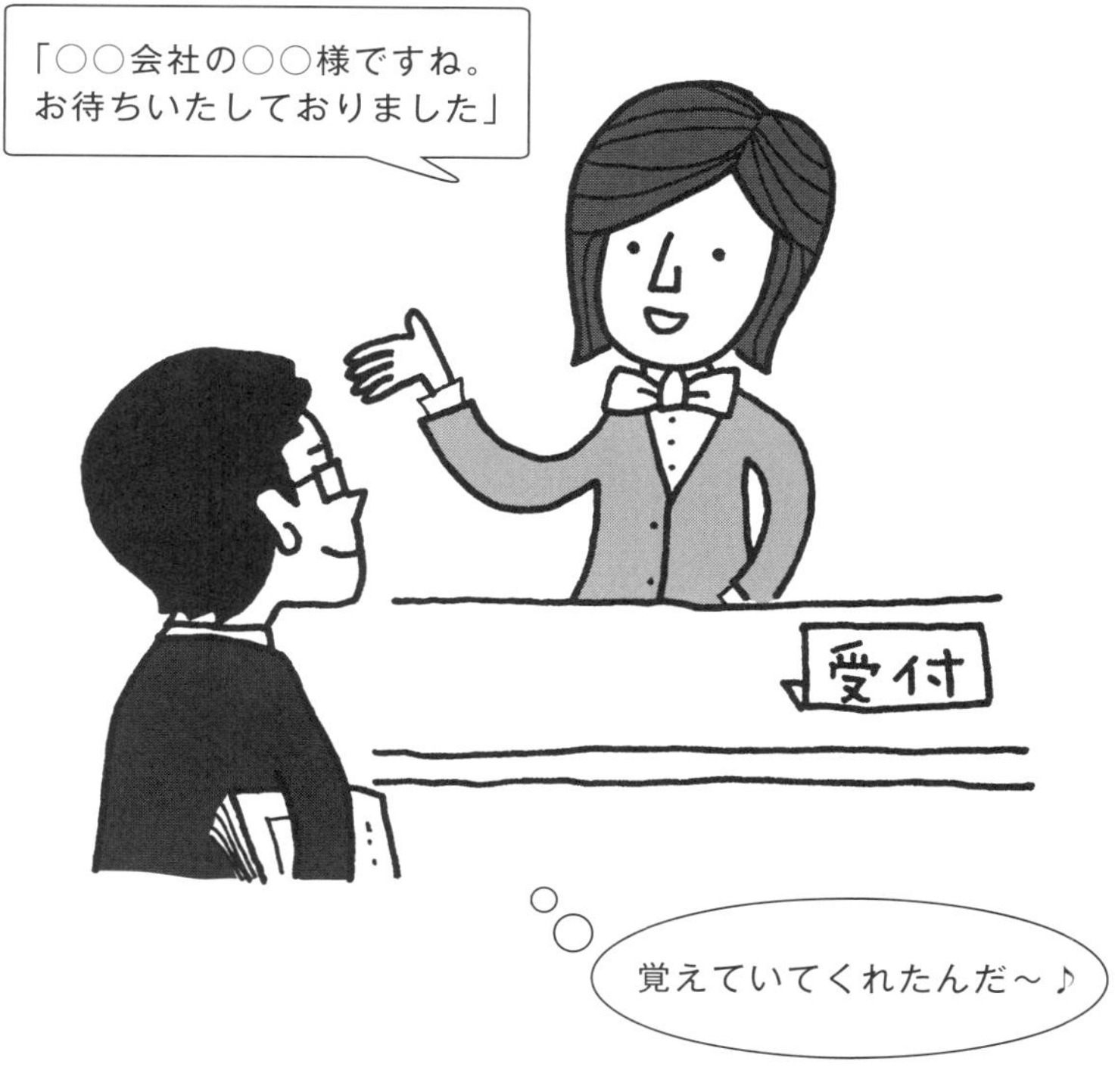
「○○会社の○○様ですね。お待ちいたしておりました」
受付
覚えていてくれたんだ～♪

3 来客応対Ⅲ～取り次ぎ

名前と用件を確認

第一声は笑顔で「おはようございます」あるいは「いらっしゃいませ」とあいさつをし、次に相手の名前と用件を尋ねます。予約客には「おはようございます。○○会社の○○様でいらっしゃいますね。お待ちいたしておりました」と応対すれば完璧です。**必ず仕事の手を止めて、相手の顔を見て丁寧に応対**しましょう。

名刺を受け取る

組織によっては受付で名刺を預かり、名指し人に渡す場合があります。「失礼ですが、お名刺をいただけますでしょうか」と両手で受け取り、名指し人に渡します。読めない名前は受けとった段階で確認しておきましょう。

突然の来訪者

予約のない突然の来訪の場合、名指し人の都合がつかない、また会いたくない状況があります。簡単に取り次がず、「ただいま見てまいりますのでお待ちください」と伝え、名指し人の意向を確認してから取り次ぎましょう。

基本の流れ

あいさつ	・おはようございます ・いらっしゃいませ
確認	・失礼ですがどちら様でしょうか ・お名前をお伺いできますでしょうか ・恐れ入りますが、ご用件をお伺いできますでしょうか ・お名刺をいただけますでしょうか
予約あり	・○○会社の○○様ですね。お待ちいたしておりました
予約なし	・お約束をいただいておりますでしょうか ・失礼ですが、どのようなご用件でしょうか ・ただいま見てまいりますので少々お待ちくださいませ（在否は伝えない方が無難）
取り次ぎ	・○○ですね。ただいまお取り次ぎいたしますので少々お待ちいただけますでしょうか
対応	・それでは応接室にご案内いたします ・○○はすぐに参りますので、おかけになってお待ちいただけますでしょうか

4 来客応対Ⅳ～上級

待たせている来客

手が空いた時は、待たせているお客様に「伺っておりますでしょうか」と声をかけましょう。また、入口や受付で迷っている訪問客を見かけた場合も、「どちらをお尋ねでいらっしゃいますか」とにこやかに言葉をかけることが大切です。相手を待たせない、そして不安にさせないという気配りです。

このような応対を全社員ができる会社は、他のことでもきちんとしている印象を受けます。簡単なことですが、徹底されていない会社が多いだけに、笑顔の声掛けですら新鮮さを抱きます。「自分の仕事ではない」という意識をなくし、**1人ひとりが来客に接するという意識が大切なのです。**

ＩＴと語学

現代が情報化社会、グローバル社会であることは言うまでもありません。顧客管理はパソコンになっていますし、外国の方の来訪も日常に見られる光景です。パソコンを迅速に扱ったり、語学での応対ができれば、仕事に幅がでます。

小さなことからしっかり対応！

フランスの経済学者レオン・ワルラスに父が贈った言葉

静かに行く者は
健やかに行く
健やかに行く者は
遠くまで行く

※「ひとつひとつ地道に努力する者は、最後は成功していく」という意味。今では国境を越えイタリアのことわざになっている。

5

案内Ⅰ〜廊下と階段

案内のマナー

お客様を案内するときは「高橋様、応接室にご案内いたしますので、こちらにどうぞ」などと**行き先を告げ、手の平で方向を示すとよいでしょう。**

お客様を案内中に取引先の人とすれ違ったときは、軽く会釈をするだけでＯＫです。

廊下の案内

基本は来客の**斜め2、3歩前を歩きます。**お客様は中央で、案内者は壁側です。斜めの位置で先導すればお客様が視界に入りやすいからです。途中、曲がり角などではお客様の歩調を確認するなど、気配りも忘れないようにします。

階段の案内

お客様を見降ろさないという考えからすれば、階段はお客様が先に登ることになります。しかし〝相手を不安にさせない〟ことが案内ではとても大切ですし、女性の場合は後ろに人が立つことを嫌う方もいます。「お先に失礼いたします」と一言断ったうえで**先に案内したほうが無難**です。「お足元にお気を付けください」とすれば上級です。

どちらが先？

どちらが先かに正解はありません。案内は、まずは相手のことを考え、国や文化、状況によって柔軟に対応すればよいのです

6 案内Ⅱ～エレベーター

乗る場合

エレベーターにお客様と案内者のどちらが先に乗るか。これはどちらの考え方もあります。「お客様を不安にさせない」という案内の基本からすれば、**案内者が先に乗ってから操作ボタンの〈開〉を押して招き入れるほうが自然ではないでしょうか。**その際、階段の誘導時と同じように、「お先に失礼いたします」のひと言がとても大切です。

また、「危険を回避する」という考え方もあります。先にお客様を乗せてから案内者が乗り込むと、場合によっては案内者がドアに挟まれてしまうことがあります。**「お客様の不安回避」「案内者の危険回避」が大事な視点です。**

降りる場合

降りる場合も同様の考え方です。

案内者が〈開〉ボタンを押し、「こちらの階でございます」とお客様を先に降ろしてから、案内者が続きます。大勢のお客様を案内する場合は立場が上の人から降りていただきましょう。その時々の状況に合った、臨機応変な誘導が求められます。

エレベーターは密室です

- エレベーター内は食べ物の匂いもこもります。短い間ですので飲食やおしゃべりは控えた方が良いでしょう
- 狭い空間では他人の会話は耳に残ります。いろいろな人が乗り合わせるオフィスでは、守秘義務という視点からもビジネスの話はしないほうが無難です

7 案内Ⅲ～応接室

応接室への案内

いきなり入らず必ずノックをします。前の来談が長引いている場合があるからです。

内開きドア……案内人が先に入り、ドアを押さえながらお客様を招き入れます。

外開きドア……「どうぞお入りください」と声掛けしてお客様を先にお通しします。その際に、片付いているかさっと部屋を見渡しましょう。

応接室の環境

コート掛け……コート掛けがある場合は、「コートはこちらでお預かりいたしましょうか」と声掛けをしましょう。傘も同様にしますが、無理強いは禁物です。

灰皿……最近は禁煙の企業が多くなり、応接室に灰皿セットを置かないケースが増えています。しかし、煙草がＯＫな応接室では、煙草の煙やにおいがこもっている場合がありますので、次のお客様が不快にならないためにも換気に配慮が必要です。

採光と室温……太陽光が入りすぎる場合は、ブラインドで調整します。また部屋の温度も午前と午後では変化しますので、常に気を配りましょう。

ノックは何回？

ビジネスシーンではドアは何回ノックするのでしょう…

♪ 2回 ･････････････> トイレノック（トイレの確認用）

♪ 3回 ･････････････> プライベートノック（室内用）

♪ 4回 ･････････････> ビジネスノック（外部訪問用）

- ドア文化は欧米の生活様式からきているため、3～4回が適当なのでしょう。日本では2回が多く、トントン・トントンと4回は面倒に感じられます。回数にこだわるよりは、丁寧にノックすることを心がけましょう
- 4回のノックの由来はベートーベンの交響曲第5番「運命」にある「ジャ、ジャ、ジャ、ジャーン！」になぞらえており、運命の扉を開くという意味があるとされているようです

～ノックひとつにもいろいろと意味があるのですね！

8 案内Ⅳ～席次（社内）

席次とは

会合などでの座席の順序のことをいい、ビジネスでは**お客様や上司などが座る位置のことを上座（上席）、その逆を下座（末席）**といいます。お客様には「どうぞこちらにおかけになってお待ちくださいませ」と上座をすすめます。

応接室の席次

基本的な考え方として、**入口から遠い席が上座となり、入口に近い席が下座**となります（入口付近は人の出入りで騒々しいため）。

他の条件としては、①飾り棚や絵画の前、②長椅子、③テーブルの長い面と向き合っている位置、④外の景色が眺められる位置などが上座の候補となります。つまり**居心地の良い席が上座**です。

椅子の種類

上座……長椅子（ソファー）・肘付き椅子（一人掛けチェア）

下座……肘掛け・背もたれのない椅子（スツール）

席次のいろいろ

応接室

事務机がある場合

会議室

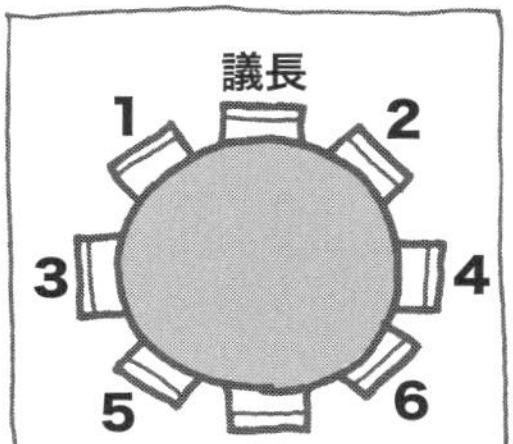

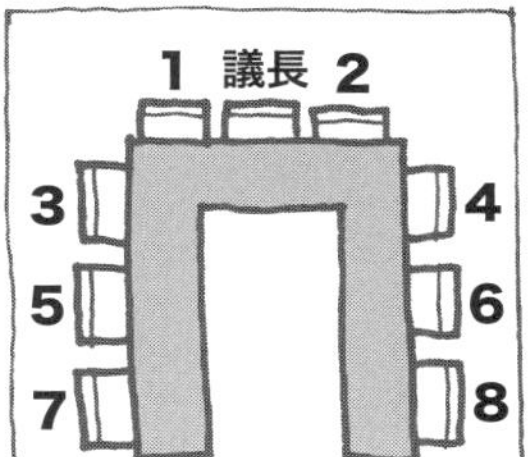

9 案内V〜席次（その他）

乗り物

乗り物の上座の基準は、安全であることと、社内の席次と同じように居心地がよい席になります。しかしながらその人が感じる居心地の良さも異なるため、臨機応変な対応も時には必要です。

次は基本の席次です。

自動車

タクシーは運転席の後ろが上座（安全）

上司が運転する場合は隣が上座（話し相手）

列車

←進行方向

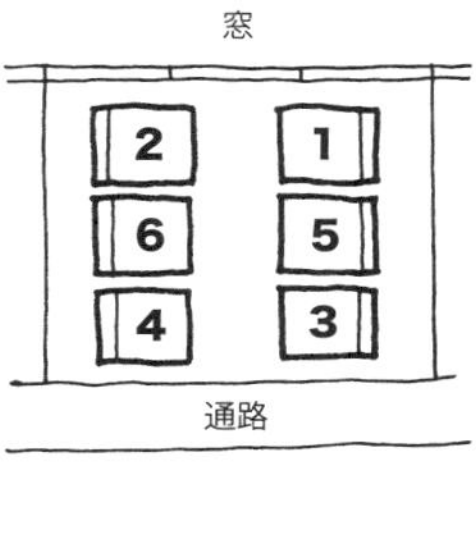

エレベーター

エレベーター

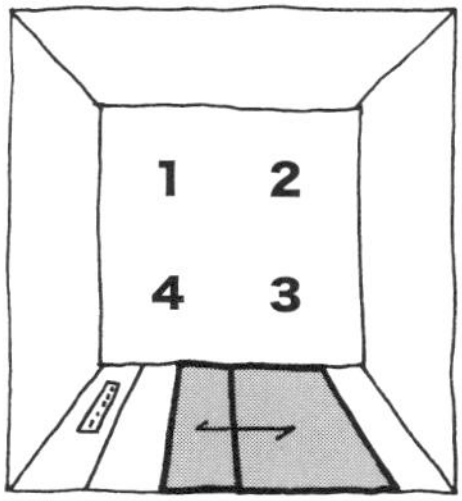

操作盤の後ろが上座
（上司のみの場合は後部中央でもOK）

食事の席

和室

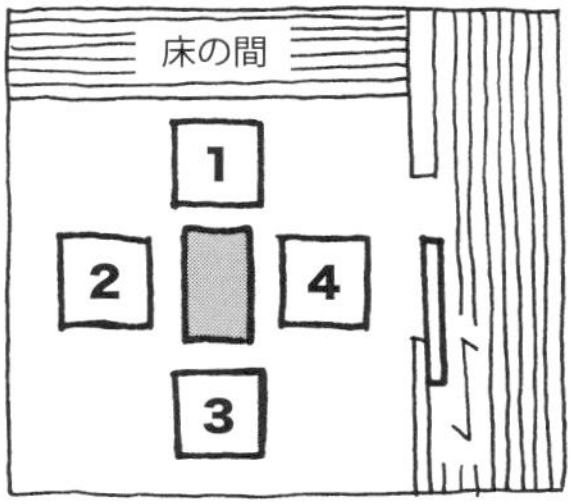

中華料理

和室の上座

床の間の前が上座になるのは、もともと礼拝の場所であったためと言われています。仏画を掛け、花や燭台、香炉を飾って拝んでいたのです。その名残りから神聖な場所となったようです

しかし、現代では掛け軸や絵画を鑑賞できる席が上座のほうが良いという考え方もあります。入口から遠く、庭が眺められるという視点も含めてご案内しましょう

10 名刺交換Ⅰ～基本

名刺とは

名刺は相手の顔（分身）です。したがって、丁寧に扱うのが基本です。誰しも自分の顔を汚されたり、ぞんざいに扱われては嫌な気持ちになりますよね。座ったまま相手の名刺を受け取ったり、すぐに片づけたり、文字を書き入れたりもマナー違反です。

名刺交換の慣習

欧米と日本での大きな違いは、欧米では出会いを次につなげるために、別れ際に交換することが多いのに対し、日本では会ってすぐに交換をする慣習があります。

最近では写真付きや趣向をこらしたいろいろな名刺がありますが、取り扱いに困るようなサイズの名刺や、あまりにカジュアルなものはビジネスにはふさわしくありません。

名刺の準備

名刺は自分の分身、常に良い状態で**補充などの準備をしておきます。**
①汚れや折れ曲がったりしていないか
②変更は直っているか（役職や部署など）

名刺入れはブランド物？

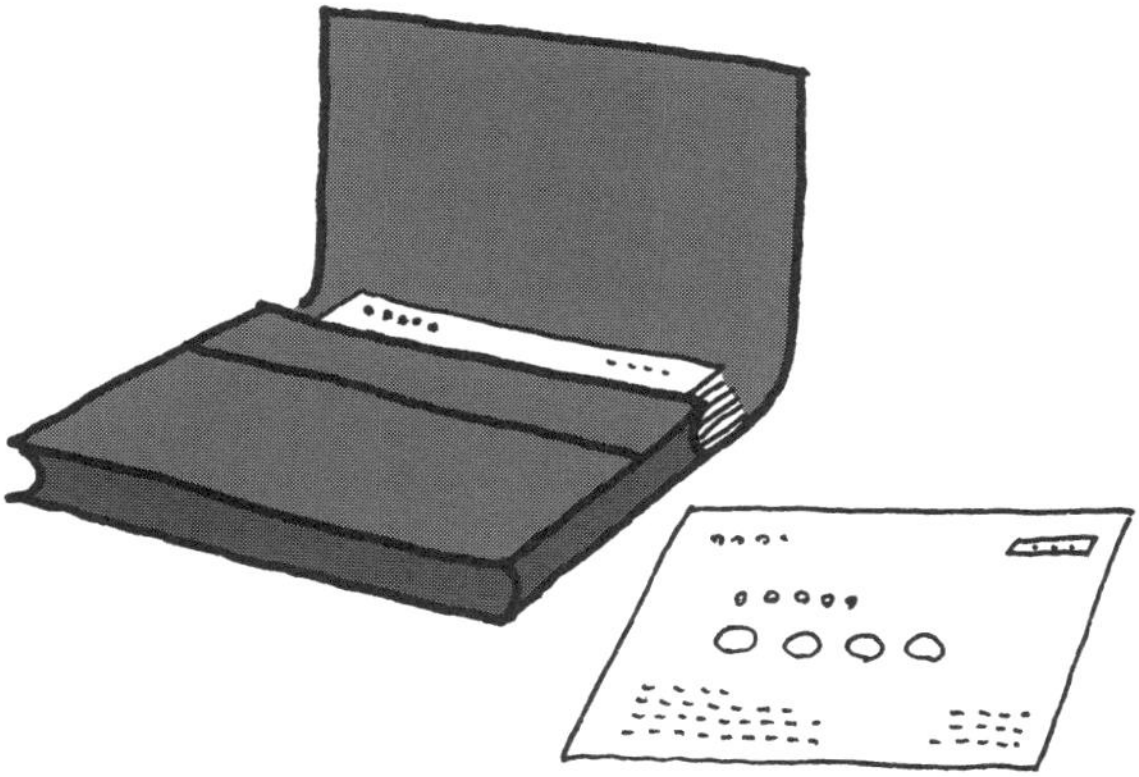

ポイント

①無地のシンプルなデザインを選ぶ
②色は黒か茶が基本
③高価すぎるものや派手なブランドものは相手に好印象を与えない
④素材は柔らかい革を選ぶ（メタリック製の名刺入れは落としたときに音がすることや、角がとがっているため、スーツのポケットを破いてしまうおそれがある）
⑤光沢仕上げはさける（キズが目立ち派手な印象）
⑥マチの広いもの（多くの枚数が入る物）
⑦収納ポケットが２つ以上あるもの（相手の名刺と自分の名刺を分けて収納できる）

11 名刺交換Ⅱ〜応用

名刺の取り扱い方

名刺を扱う際は、敬意を伝えるために目下（来訪者）から先に、両手で**相手が読める向きに直して差し出すのが基本です。受け取る側も「ありがとうございます」「頂戴いたします」とひと言添えて、胸の位置で同様に両手で受け取ります。**読めない名前の場合は、受付時と同様、この時点で確認しておきます。商談中の名刺は1枚なら名刺入れの上、複数枚は立場が上の人以外は名刺入れの手前に並べておきます。

同時交換

双方が同時に名刺を差し出して行う同時交換の場合には、名刺入れで相手の名刺を受けつつ、右手で自分の名刺を相手（相手の名刺入れの上）に差し出します。**訪問する側から名乗り、相手の名刺より下の位置で名刺を出します。**

複数交換

上司と同行したときは、上司が先に相手と交換します。スムーズに行うために、相手の人数分を名刺入れに挟んでおくと良いでしょう。

名刺は相手の顔です

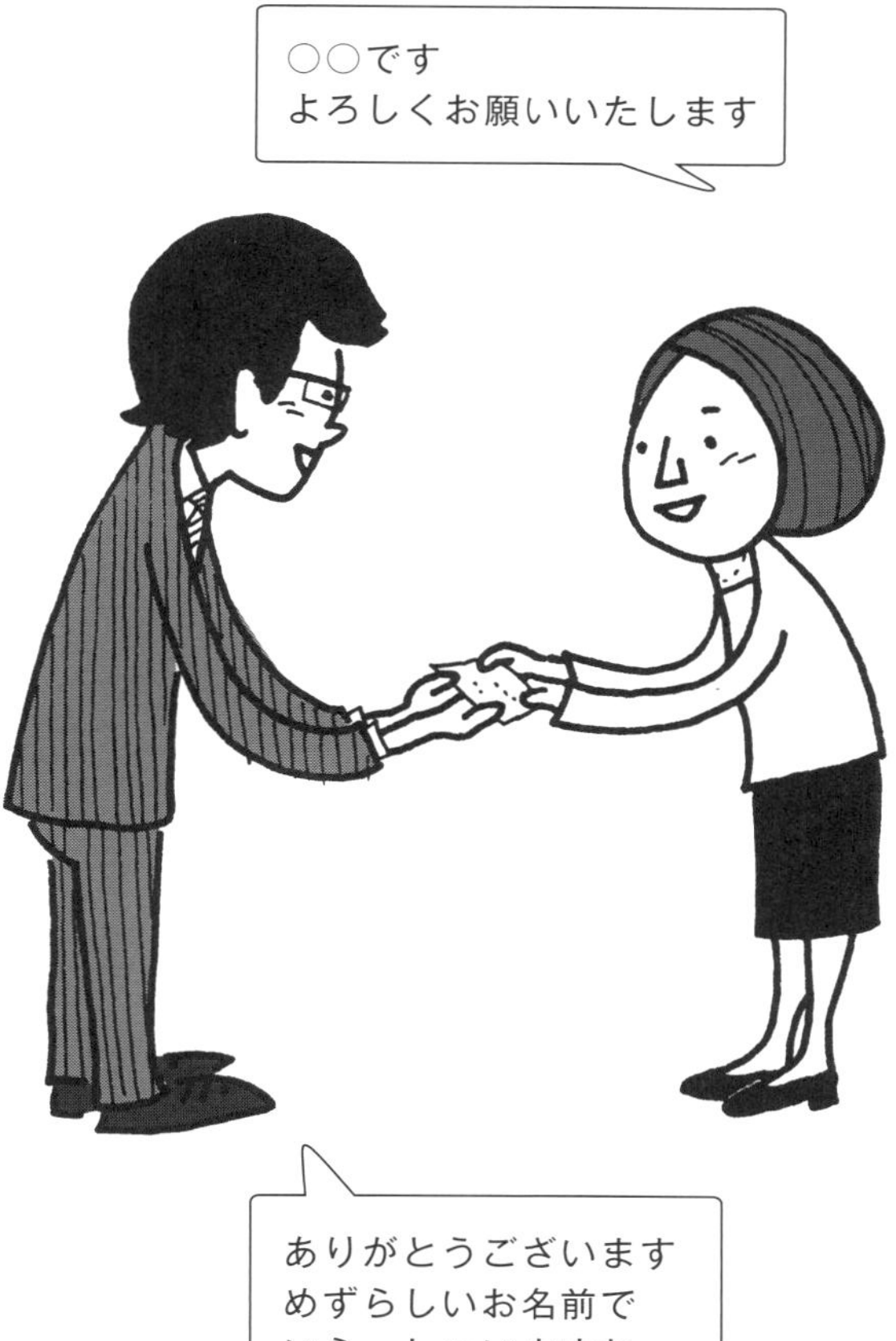
いらっしゃいますね

12 紹介のしかた

紹介の順序

人を紹介するときにも順序がありますので、気をつけなければなりません。**紹介者は身内や立場が下の者から紹介するのが原則**です。また、役職の付け方にも一定のルールがあります。身内（自社の部長を）を相手（他社の部長）に紹介する場合は「こちらは私どもの（部長の）清水です」とし、相手の紹介は「こちらは○○物産の岡本部長です」と敬称をつける場所が異なります。

ネットワークを広げる

ネットワーク（人脈）は人を介することで広がっていくものです。誰かに誰かを紹介してもらう。そのような**人との出会いも、自分を成長させてくれる大切な機会**です。新人のころは積極的に人と出会い、いろいろな話の中から情報を得ることも必要です。

このようなネットワークは、自分をサポートしてくれる大きな力にもなってきます。ぜひ、マナーである身だしなみ、言葉づかいなどをしっかり身につけ、第一印象を良くして人の輪を広げていきましょう。

ネットワークを広げよう

先に紹介	後から紹介
社内	社外
地位が下	地位が上
年齢が下	年齢が上
一人	複数
身内	他人
男性	女性
親しい人	交際の浅い人
依頼者	被依頼者

同等の場合、基本は女性が後になります
しかし、地位や年齢によっても異なりますので、柔軟に対応しましょう

13

お茶出しⅠ～基本

お茶の入れ方

お茶は70度～90度ぐらいが適当です（茶葉によって異なります）。湯飲み茶碗に均等に、**7～8分目程度に注ぎます。**ある会社で出されたお茶が、なみなみ注がれていて苦笑してしまったことがあります。お茶が目いっぱい入っていると飲みにくいばかりか、こぼしたり、やけどをしてしまいかねません。

また、気温も大事です。6月でも気温が低く、寒い日があります。**寒い日は温かい飲み物、暑い日は冷たい飲み物がおもてなしの心**です。

お茶は両手で

お茶は清潔な手で丁寧に、そしてスマートに出します。基本の流れは次ページの表で確認しましょう。**ポイントは①両手で、②お客様の右側から出し、③お客様の正面、やや右寄りに置きます（右手で飲む人が多いため）。**書類が広げられたりしている場合は「こちらで失礼いたします」と断って、空いているスペースに置きましょう。右側から出しにくい場合は左側から出すなど、その場にあった臨機応変な応対を心がけます。

基本のお茶だし

準備	・お盆、湯飲み茶碗、茶たく、台ふきん ・茶渋やひびなどをチェック
↓	
セッティング	・茶碗と茶たくを別々にお盆にのせる ・台ふきんをのせる
↓	
入室	・ノックをして「失礼いたします」と会釈をして入室 ・お盆は胸の位置で持つ （会釈時は息がかからないように左右どちらかに少しずらす）
↓	
セッティングとお茶出し	（正式） ・サイドテーブル（なければメインテーブルの下手）にいったん置き、あらためて「いらっしゃいませ」とお辞儀をする ・茶たくに茶碗をのせて、両手で上座のお客様の右側から丁寧に出す ・茶碗の絵柄はお客様の正面、茶たくの木目は横になるように出す （略式） ・スペースがない場合は片手でお盆を持ち、お盆の上でセットして片手で出す
↓	
退出	・お盆を脇（裏側を自分に向ける）にかかえて「失礼いたします」と会釈し退出
↓	
片づけ	・お客様が帰ったあとは、早目に片づける

14 お茶出しⅡ〜応用

コーヒーとお茶菓子

コーヒー好きなお客様には気をきかせてコーヒーを出すと喜ばれることがあります。また、お茶菓子を一緒に出す場合は**お茶よりもお菓子が先です**。会議のお弁当を配るときも、お弁当が先でお茶は後になります。**お菓子は左、お茶は右が基本です**。すべて上座のお客様からお出しします。

2杯目の出し方

会議や商談が長引いたときに2杯目を出す場合があります。その場合は古い茶碗を下げてから新しいお茶を出します。**古い茶碗に注ぎ足すのは失礼になります。**

こぼしてしまったら？

どんな時もアクシデントはあります。来客と接触してお茶をこぼしてしまったら、「申し訳ございません」とお詫びしながら、すばやくふきんで拭きます。書類が濡れないように移すことも必要でしょう。丁寧に拭いた後に、もう一度お詫びの言葉を述べ、新しいお茶をすぐにお持ちしましょう。

お茶で気分転換

〈両手で丁寧に〉

〈置き方の順序〉

左
（お菓子）

中央
（飲み物）

右
（おしぼり）

最近は短時間ならお茶を出さない企業も増えています。しかしながら、会議や商談が長引いているときのお茶は気分転換や、空気を和らげるという点でリラックス効果があります
形式にこだわらず、紙コップなどで出す場合もありますが、その際も丁寧に出しましょう

15 お見送り

どこまで見送る？

相手との親密度や立場などで見送り方も異なります。それでも人は丁寧に見送られて悪い気はしませんよね。〝振り返ったらもういない〟では余韻が残りませんよね。**第一印象と同様に、終わりの印象も大事です。**「最後をきちんと締めくくる」「次につなげる」という意味でも、心をこめてお見送りしましょう。

①席で……席から立ち上がり、（できれば）椅子の横に出てお辞儀をする

②エレベーターまで……ドアが完全に閉まるまで頭を下げる

③車まで……車が視界からいなくなるまで見送る

場合によってはビルの玄関まで見送る場合もありますが、相手が「こちらで失礼させていただきます」と遠慮している時は、無理強いは禁物です。

見送りの言葉とお辞儀

「失礼いたします」「お気をつけてお帰りください」「本日はご足労いただきましてありがとうございました」が基本の言葉です。敬礼か最敬礼で見送りましょう。

振り返ったら姿がない！

エンゲージド・カスタマー（生涯顧客）
一人の社員と一人の顧客との間にできた絆です
見送りという小さな行為からでもエンゲージド・カスタマーが生まれます

✓ 来客応対チェックシート

チェック項目	チェック
来客には公平に接していますか	
来客は笑顔で迎えていますか	
仕事中でも手をとめて応対していますか	
緊急度や重要度を考慮して応対していますか	
場合によってはアイコンタクトで応対していますか	
取引先の担当者の名前は覚えるようにしていますか	
名刺が読めない場合は確認していますか	
予約のない来訪者の場合は、名指し人の意向を確認していますか	
受付で長く待たせる場合は、おおよその時間を伝えていますか	
案内するときは行き先を伝えていますか	
案内するときはお客様の斜め前を歩いていますか	
案内するときは歩調を合わせるようにしていますか	
段差がある場合は一声かけていますか	
応接室への入室時には必ずノックをしていますか	
来客には上座をすすめていますか	
退出時には必ず一礼していますか	

4 来客応対と訪問マナー

✓ お茶出しチェックシート

チェック項目	チェック
湯飲み茶碗をチェックしていますか	
お客様と社員を同じ茶碗で出していますか	
お茶は 8 分目程度にしていますか	
茶たくと茶碗を別々にお盆に置いていますか	
台ふきんを準備していますか	
サイドテーブルでセッティングして出していますか	
上座のお客様から両手で出していますか	
絵柄がお客様の正面に向くように出していますか	
お茶菓子を出す場合は先に出していますか	
2 杯目は新しい茶碗で出していますか	
お客様が帰ったら、すばやく片づけていますか	

✓ お見送りチェックシート

チェック項目	チェック
正しい姿勢で立っていますか	
丁寧にお見送りの言葉を伝えていますか	
内容に応じたお辞儀をしていますか	
内容に応じた表情をしていますか	
席から立って見送っていますか	
エレベーターではドアが閉まるまで見送っていますか	
車では視界から見えなくなるまで見送っていますか	

16 訪問マナーⅠ～基本の心構え

時間厳守

第1章でも取り上げましたが、時間は信頼関係を築く大切なファクターです。特に、**訪問する側の遅刻は厳禁**です。しかし電車の遅延など、アクシデントは起こるもの、**間に合いそうもないと判断したらすぐに連絡を相手に入れましょう**。

次はトラブルを最小限にするためのポイントです。

①余裕を持って出発する
②訪問先の担当者名と電話番号は控えておく
③携帯電話の電池切れに注意する（車内で使うことを想定）
④いろいろな路線を把握しておく

早すぎる訪問はタブー

時間厳守といっても、約束の時間よりあまりに早い訪問は、相手先に迷惑になります。相手は約束の時間に合わせて仕事をしていますし、応接室も使っている場合がありますので、**5分～10分前訪問が良いでしょう**。オンタイムのインタイムです（第1章）。

事前準備を怠らない

17

訪問マナーⅡ～受付

身だしなみチェック

コートやマフラー、スカーフなどは事前に脱いでおきます。服装や髪形なども、乱れていないか簡単にチェックしてから訪問しましょう。特に男性はネクタイのよじれやズボンからはみ出したYシャツ、膨らんだポケットなどに要注意です。

受付でのあいさつ

会社名・氏名・約束の時間・相手の部署と氏名をはっきり告げます。場合によっては「転勤のごあいさつに伺いました」「お見積書をお持ちいたしました」などと、訪問内容を伝えます。

名刺を求められるケースも多いため、すぐに取り出せる場所に入れておきましょう。男性の場合、**ズボンのポケットから出すのはタブー**です。最近は受付に設置してある電話で取り次ぐ会社もありますが、その場合も明るい声ではっきり名乗ります。

また、受付にあるソファーや椅子には、「おかけになってお待ちください」と勧められたら座るようにします。リラックスせず、すぐに立ち上がれるように浅く座ります。

訪問はスマートに

汗をかきかきの訪問はスマートとは言えない

18 訪問マナーⅢ ～ポイント

応接室でのマナー

応接室に案内され上座をすすめられても、ひとりの場合は入口に近い席に座って待機しましょう。複数の場合は上位者から順に座って静かに待ちます。待っている間に大きな声で話をしたり、**携帯で会話をすることは慎むべき行為**です。また、部屋中をキョロキョロ物色するのもマナー違反です。面談相手が来たらすぐに立ちましょう。

かばんとコート

（かばんの置き方）

座席の左側に置くのが基本ですが、椅子の形態によっても異なります。ただし、テーブルの上でかばんの中を探るのは禁物で、書類を出す場合は膝の上で開閉します。

（コートのかけ方）

脱いだコートは腕にかけて持ち歩きますが、**応接室では椅子の肘掛けやかばんの上などが適当です**。背もたれはずり落ちる可能性が高く、膝の上では邪魔になります。

案内されたらどこに座る？

訪問する側でも下座に座ろう

お願いがあって訪問する場合などは下座で待ち、相手が来たらすぐに立ちましょう。この時に、テーブルを挟まず名刺交換するケースが多く見られます。面接の際も同様です

19 訪問マナーⅣ～応用

アポイントメント

年末年始のあいさつや転勤のあいさつなどは、短時間ですむのでアポイントメントを取る必要はありません。担当者がいない場合は代わりの社員にあいさつしたり、名刺を渡しておきます。訪問を受ける側は、年始のあいさつ時に配られるタオルやカレンダーは遠慮なく受け取り、上司に報告しておきます。

たばこのマナー

最近は禁煙のオフィスが増えています。応接室に灰皿が設置されてあっても、**勝手にたばこを吸うのは厳禁**と心得ましょう。また、訪問前にたばこを吸うのも控えます。吸っている本人は気がつかなくても、洋服などににおいがかなり付着しているものです。面談相手がたばこ嫌いであれば、特ににおいに敏感になりますので、訪問する側は配慮が必要です。

また、ポケットにたばこやライターを入れておくと、膨らんでだらしない印象も与えてしまいますので気をつけたいですね。

たばこのマナー

腕組みしぐさ、足組みしぐさ

江戸の商人にとって、腕組みや足組みは衰運のしるしと言われました。いずれの行為も相手に対しての敬意が感じられません。ビジネスや目上の人に対する席では慎むべきでしょう
「足組みしてたばこをふかすは NG」

20 訪問マナーV～上級

コートのたたみ方

持ち歩くときも、置くときも**コートの表面を裏側にするのが正式です。**〝外のほこりが付着したコートの表を中にしまう〟ためで、訪問先で汚れを落とさないという配慮なのです。裏にすることで、メーカーがわかるタグを見せたくない場合もあるので、現在ではあまりこだわっていないようです。コート掛けを勧められたら遠慮なく使いましょう。

時間超過は禁物

予約時間をかなりオーバーしてしまうのも要注意事項です。そうならないために、事前に段取りを考えておきたいものです。予定時間を過ぎると、心理的に疲れてくるものですし、集中力も続きません。次の仕事に支障をきたすおそれもあります。なるべく約束の時間を守るように話をすすめましょう。

かなり長引きそうなときは、相手の都合を確認します。面談が終了したら「お時間をいただきましてありがとうございました」などと丁寧にお礼を言って退出します。

コートは表を中にしまう

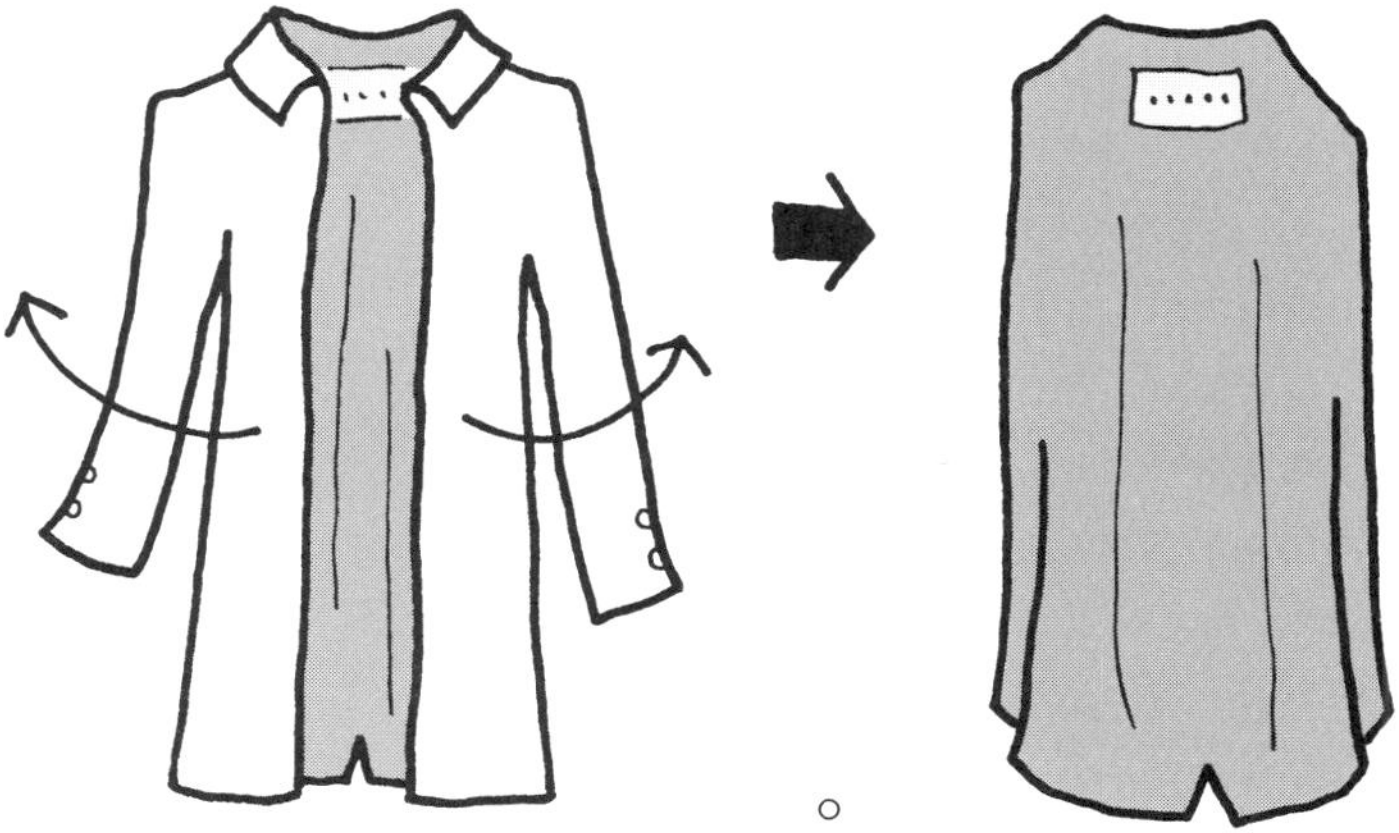

✓ 訪問前チェックシート

チェック項目	チェック
アポイントメントを取っていますか	
訪問時間を守っていますか	
あまりに早く訪問していませんか	
飛び込みセーフはしていませんか	
遅れそうになったら、早目に連絡していますか	
相手先の電話番号を控えていますか	
面談相手の名前と役職をしっかり把握していますか	
名刺の補充、確認をしていますか	
事前に会社情報を収集していますか	
持参資料を確認していますか	
訪問する前に、身だしなみを整えていますか	

✓ 訪問チェックシート

チェック項目	チェック
コート類は脱いでいますか	
雨の日の傘のしずくは、外で落としていますか	
こちらから明るく名乗っていますか	
時間を考えてあいさつしていますか	
名刺はすぐ出せるようにしていますか	
会社内をキョロキョロ見まわしていませんか	
携帯をマナーモードに切り替えていますか	

✓ 面談チェックシート

チェック項目	チェック
すすめられてから座っていますか	
深々と腰掛けていませんか	
かばんは椅子の横に置いていますか	
コートは背もたれにおいていませんか	
待機している間、上司や部下と大きな声で話していませんか	
テーブル上でかばんから資料を取り出していませんか	
かばんの中は整理されていますか	
お茶を出されたらお礼を言っていますか	
すすめられてからお茶を飲んでいますか	
一気に飲んでいませんか	
待機中や面談中にたばこを吸っていませんか	
衣類にたばこの匂いが付着していませんか	
足を組んだり、腕組みをしたりしていませんか	
予約時間を守るよう努力していますか	
相手の表情や態度をキャッチしていますか	
長くなりそうなときは、相手の都合を確認していますか	
相手の名刺や資料をスマートに片づけていますか	
お礼を丁寧に述べて退出していますか	

第五章

電話応対マナー

1 電話応対Ⅰ～基本

基本の大切さ

「はい」と明るくさわやかな声からスタートします。つまり**笑声です**。**電話を取った社員の第一声で、会社の印象が良くもなり、悪くもなります**。顔が見えない応対ですが、不思議に表情や態度は相手に伝わるものです。まず基本をしっかり身につけて、会社を代表しているという意識で取りましょう。**電話1本から大きなビジネスチャンスが生まれることもあるのです**。

「はい。○○商事株式会社でございます」と明るく**山型に声を出しましょう**。「○○商事株式会社、野口でございます」と受けた社員の名前を伝える会社もあります。そのあとは「いつもお世話になっております」と日ごろのお礼を続けます。

3コールでイライラ

人は電話の呼び出しで10秒程度待たされると、イライラしてくるそうです。3コールが約10秒。**3コールが鳴ってから出る場合は「お待たせいたしました」**とひと言添えるのが社会の習慣になっています。ちなみに5コール以上は「大変」をつけましょう。

メモと筆記用具を用意しよう

2 電話応対Ⅱ～電話のかけ方

タイミングを考える

会社では1日、1週間、1月、1年と繁忙期があるものです。それらを考慮しながら電話をかけることも必要です。特に営業電話や、相手に何か依頼をしなければならないときなどは、**電話をかけるタイミングに配慮したいものです。**一般的に早朝、月曜と週末、月初と月末、年度初めと決算時期は忙しいものです。

準備をしよう

次ページでまとめてありますが、電話をかける前準備を怠ると、電話が長引いたり、スムーズに話がすすまないことがあります。**話す内容に必要な資料は手元に置いて話し始める**とロスがありません。見積書についての電話なら見積書を、依頼している仕事に関する電話なら、その仕事に関する資料を準備しておきます。

また、話の順序や件数を伝える場合もあります。複雑な内容は5W1Hの要領でメモを作っておくとよいでしょう。いつ（when）どこで（where）誰が（who）何を（what）なぜ（why）どのように（how）という具合です。

5 電話応対マナー

電話のかけ方

前準備	・電話番号と相手先の会社名・部署・名前を再確認（できれば内容チェックも） ・メモの準備 ・丁寧に番号を押す

↓

あいさつ	・○○株式会社の横山です ・おはようございます ・いつもお世話になっております

↓

取次依頼	・恐れ入りますが、営業の佐野様はいらっしゃいますでしょうか ・お手数ですが、人事部の小林様をお願いできますでしょうか

↓

名指し人に変わったら	・○○株式会社の横山です。いつもお世話になっております

↓

用件	・△△の件でお電話いたしました。ただ今お時間よろしいでしょうか ・～ということですね。ありがとうございます（復唱を忘れない）

↓

あいさつ	・それでは明日、よろしくお願いいたします ・ありがとうございました ・失礼いたします

3 電話応対Ⅲ
～電話の受け方

電話応対の満足度

相手の満足を得るためには、**「心」と「応対スキル」と「知識」の3つが必要**だと言われています。

相手のニーズに応えたいという「心を込めた応対」や、丁寧な言葉づかいや話し方、リズムなどの「応対スキル」は、**相手に情緒面での満足感**を与えます。一方「質問に的確に答えてくれた」「プラスαの情報を教えてくれた」というような業務知識や商品知識面での質の高い応対は、**目的達成の満足感**を与えることができます。

後手にならない

予約をするときに、「月曜日はあいていますか」「申し訳ありません。その日はいっぱいです」「それでは火曜日は？」「その日もあいていないんですが……」このような後手の応対は時間ばかりかかる下手な見本です。「申し訳ありません。月曜と火曜はお取りできませんが、水曜の3時でしたらあいております」と、有益な情報を先に伝えることができれば、かけてきた相手に何度も質問をさせずにすみます。

もしもし・・・

企業の中ではもしもし……と電話はとりません

態度は声に出ます
「もしもし」は
「申す申す」が
変化した形です
もし
もーし

4 電話応対Ⅳ～応用

ワンランク上の応対

組織が複雑になれば、それにともなって電話応対も複雑になっていきます。内線や外線、取り次ぎの方法など、基本的な応対力は社員全員が習得しなければなりません。そのうえでワンランク上の応対が、相手の満足度につながるのです。最終的に相手から「ありがとう」という感謝の言葉を聞くことができれば上級です。

相手が急いでいる……声の様子でわかるのでペースをあげる
保留が長くなっている……改めて掛け直すという提案をする
相手が怒っている……何に対しての怒りかを心を込めて聴く
待たせている……大変お待たせいたしましたと取る

間違い電話

間違い電話がかかってきたら、「失礼ですがどちらへおかけでしょうか」「お間違いではございませんでしょうか。こちらは株式会社〇〇商事です」と会社名と電話番号を丁寧に名乗ってあげると親切です。

相手の名前が聞き取れない！

恐れ入ります。お電話が遠いようですので、もう一度お名前をお聞かせいただけますでしょうか
デンマークのD
フランスのF
ですね

アルファベット表記

最近はアルファベットを使った会社名が増えています。アルファベットは間違えやすいので、デンマークのD，フランスのFなどと国名で確認するとわかりやすいです

5 電話応対Ⅴ～上級

たらい回しにしない

「その件は担当が別になります。お手数ですが○○番におかけ直しいただけますでしょうか」と言われた経験はありませんか。そしてそこでも取り次ぎになり、そのたびに最初から話さなければならず……「もう結構です」と切りたくなりますよね。

電話の**たらい回しは、かけた相手を不愉快にさせます**。特にクレームの電話であれば、相手の怒りを増幅させてしまいかねません。他部署へ回すときは、担当者にかけてきた相手の名前と用件を簡潔に伝え、**説明を繰り返させない配慮**が求められます。

クレーム対応

お客様からのクレームは「貴重な意見」と受け止めて、誠実にしっかり聴くことが重要です。**「聴く」姿勢だけで、相手の不満や怒りがおさまることも多い**のです。流れ作業になっていないか見直しましょう。「ご迷惑をおかけしまして、大変申し訳ございませんでした」「お調べいたしましてご連絡さしあげたいと存じますが」などのように、**相手へ敬意をもって柔軟に対処します。**

たらいまわしはクレームを生む

6 携帯電話の注意点

声が聞き取りにくい

携帯電話が普及して、ビジネスシーンでもなくてはならない便利なツールになっています。上手に使うには、やはり携帯電話の特性をきちんと理解して、マナーを守って使用しましょう。特に交通量の多い場所や人混みでは雑音が入り、声が聞き取りにくくなります。なるべく静かな場所で使うことが相手への配慮です。受ける側は「お電話が遠いようですが」などと、**聞きとりにくいことをきちんと伝え、聞き間違いがないようにしなければなりません。**周囲の雑音がひどい場合は、場所を変えて掛け直してもらいましょう。

携帯マナー

①相手の携帯にかける……「今お話をしてもよろしいでしょうか」とひと言断わる
②商談中……マナーモードに切り替えるか、電源を切っておく
③メモの準備……社内電話と同様に、メモを準備して対話する
④機密性……社外での会話は、周囲に漏れているという意識を持つ

携帯を時計がわりに見ない

時計がわりに見る人や、着信音がビジネスにふさわしくないものがあります。また相手を呼び出し中の音楽が適切かどうかも注意しましょう

7 電話応対基本集

トークスクリプト（台本）

かけ方の基本は5章②でお伝えしましたが、いろいろなシーンでのトークスクリプトがあると便利です。慣れてきたら、状況に合った柔軟な対応ができるようになりますので、苦手意識がある人は手元に置いて活用するとよいでしょう。**新人のうちは安心材料にもなります。**また、電話応対用語は組織によって若干異なりますので、早目に特徴を把握するようにしましょう。

①電話を受けるとき……「お電話ありがとうございます。○○株式会社でございます」

②取り次ぐとき……「ただ今代わりますので、少々お待ちくださいませ」

③名指し人が不在のとき……「あいにく原は外出しておりまして、3時頃戻る予定でおります。いかがいたしましょうか」「こちらからご連絡差し上げましょうか」

④伝言を頼まれたとき……「○○の件、確かに伊藤に申し伝えます」

⑤電話を切るとき……「お電話ありがとうございました」「今後ともよろしくお願いいたします」「私、岡本が承りました」

アクター（俳優）になる

ワンランク上の自分を演出する

5 電話応対マナー

8 伝言メモの残し方

宛名と受信者を忘れずに

伝え忘れのないように伝言は必ずメモに残し、**名指し人が戻ったら口頭でも伝える**ようにします。メモだけだと他の書類に紛れて紛失したり、すぐに見ない場合もあるからです。

また、伝言メモは受け取った相手が分かりやすいように簡潔に書くことが大切です。内容に漏れがないよう、**誰が誰に宛てたメモで、伝える内容は何か**を考えて作成しましょう。特に日時の変更は必ず復唱して正確に把握することが重要です。

①誰宛か……メモの受信者
②誰からの電話か……会社名・部署・氏名（フルネーム）
③用件は何か……５Ｗ１Ｈ（誰が、いつ、どこで、何を、なぜ、どのように）
④受信日時……電話を受けた日にちと時間（メモ作成時間ではない）
⑤受信者名……メモ作成者

メモを読んだ人は、作成者に「メモをありがとう」とひと声かけましょう。

簡潔なメモを作る

伝言メモ

林部長へ
東西電工の山根様から

（用件）
見積書の件でお電話がありました。
５時頃ご連絡いただきたいとのことです。

電話番号　○○○ - △△△△

月　日　時　分
渡辺幸恵（受）

折り返し連絡を入れる用件の場合は、相手の電話番号をメモに書いておくと調べる手間が省けます

基本のポイント

①ベルが鳴ったら早目に取る

②３コール以上は「お待たせいたしました」

③５コール以上は「大変お待たせいたしました」

④電話をかけるときも受けるときもメモと筆記用具を用意する

⑤相手の都合を考えて、かける時間帯に注意する

⑥相手が見えない分、明瞭に話す

⑦ローマ字は国名で確認する（デンマークのＤですね）

⑧間違いやすい１と７はイチとナナで区別する

⑨長く待たせる場合はいったん切ってからこちらからかけ直す

⑩「折り返しお電話いたします」は、30分以内にする

⑪用件のポイントは必ず復唱し、間違いがないように確認する

⑫名指し人が不在のときは帰社時間を知らせる

⑬伝言がある場合はメモと口頭で知らせる

⑭基本はかけた方から先に切る

⑮丁寧に受話器を置く

✓ 電話応対チェックシート

チェック項目	チェック
早目に取るよう心がけていますか	
3コール以上は「お待たせいたしました」と取っていますか	
会社の代表という意識で明るく声を出していますか	
会社名をはっきり伝えていますか	
日ごろのあいさつを丁寧にしていますか	
メモや筆記用具は準備していますか	
電話の機能を熟知していますか	
相手の話をあいづちを入れながら聞いていますか	
相手のリズムやテンポに合わせていますか	
適切な敬語が身についていますか	
電話をたらいまわしにしていませんか	
社内で電話を回す場合、取り次ぐ相手に①誰から②用件を簡単に伝えていますか	
会社の基本的な組織や業務を知っていますか	
必要な情報は積極的に伝えていますか	
最後に重要なポイントを復唱していますか	
「今後ともよろしくお願いします」など、次につなげる言葉を伝えていますか	
自分の名前を名乗っていますか	

第六章

仕事の実務マナー

1 仕事の指示の受け方

返事とメモは習慣に

「○○さ〜ん」と名前を呼ばれたら、まずは明るく「はい」と返事をして立ち、メモとペンを持って指示を受けます。記憶に頼っていては、大きなミスにつながります。電話応対と同じで、取りあえず小さなことでもメモに取りましょう。**指示を受ける際は「返事」と「メモ」を習慣づけてしまうこと**です。

また、座ったままで指示を受けるのは好ましくありません。指示を受けるときに真正面に立つのも相手が威圧的に感じてしまうので、**少し斜めに立つ**ぐらいがちょうど良いでしょう。

指示内容の確認

指示内容を聞きもらしたために、失敗したことがあるビジネスマンは多いのではないでしょうか。指示は最後まで聞いた後で不明な点は必ずたずね、間違いがないようにポイントをすべて復唱、確認します。途中で何度も聞き返し、**相手の話を中断させない配慮が必要**です。特に**期限や仕事の進め方などは正確に把握**します。

急がないから……必ず期限を聞こう

2 ほうれんそうⅠ～報告

報告とは

仕事は報告をして完了です。これができないビジネスマンの何と多いことでしょう。「あの仕事はどうなった？」「やっておきました」これは大変まずい応対です。〝指示を受けてその仕事を処理して終わり〟と自分の中だけで完了してはいませんか。指示をした人に報告をしてその仕事が終わるのです。**上司は報告があるまで、頭の中にその仕事がいつまでも残っています。**報告があって初めて頭から放すことができるのです。**「報告」は信頼される仕事のしかた**であることは間違いありません。

途中経過を報告しよう

依頼された仕事が長引く場合は、途中経過を報告すると上司は安心します。その時点でアドバイスを受けることや、今後の仕事の仕上がり状況を説明することもできます。

また、**トラブルが生じた段階で報告することは当然**ですが、**ミスに気がついた時や、期限までにできないようなときは、必ず中間報告をして指示を仰ぎましょう。**自分勝手な判断で仕事をすすめることは大変危険です。

ミスやトラブルは早目に報告を

6 仕事の実務マナー

3 ほうれんそうⅡ～連絡

仕事をスムーズにする連絡

組織は連携プレーで仕事をすすめています。つまりチームワークです。経済産業省が社会人基礎力の中で「チームで働く力」を提唱しているように、独りよがりな仕事の進め方は、大きな成果を生み出さないばかりか、信頼関係も失いかねません。同僚や社内の関係部署との情報共有としての役割もあります。

さて、社内ではどのような連絡が必要でしょう。

①移動するとき……場所と帰社時間を伝える
②伝言を受けたとき……メモを残すと同時に口頭でも伝える
③来客があるとき……来訪者の名前と時間を受付に伝える
④仕事の進展や変更があったとき……メンバーに早目に伝える

連絡の方法

内容や緊急・重要の度合いによって異なります。電話、メール、文書などを使い、タイミングを逸せず、正確に事実を連絡しましょう。

風邪で休みます……必ず電話連絡を

突然に休む場合は、その日に予定していた仕事などを社内メンバーに伝えましょう。特に訪問予定が入っていた場合はキャンセル連絡を相手先に入れるか、代理を頼みます

4 ほうれんそうⅢ～相談

一人で考え込まない

相談とは、不明な点や疑問点などを上司や先輩、同僚に対してたずねることです。業務がうまく進まないときや思うようにならないことは誰しも経験します。**考えることは大切なことですが、長い時間一人で悩まずに、アドバイスを受けることも必要**です。話すことで解決につながる糸口が見つかったり、気持ちが軽くなったりします。

ほうれんそうが大切だと言われているのも、相談せずに一人で悩み、その結果、仕事に対する意欲が失せてしまったり、顧客との信頼関係に問題が生じたりという状況があるからです。仕事はチームでしているという意識を持ち、**相談というコミュニケーションを取る勇気**を持ちましょう。

相談の方法

上司に相談事がある場合は、「ご相談したいことがあるのですが、お時間よろしいでしょうか」「明日はお時間のご都合はいかがでしょうか」などと、まずは**相手の都合を確認**します。そして相談内容を自分なりにまとめておくと効果的です。

自分を発信する勇気も大切！

6 仕事の実務マナー

メンター（良き相談者）を持ちましょう

メンターの存在は「異なる価値観や思考回路」に触れて感性を磨く機会になります！

また、仕事での不安や悩みに対し、アドバイスをくれる存在がいることは大変心強いものです

5 わかりやすい表現方法

コミュニケーションと捉える

「ほうれんそう」では分かりやすさも大切です。相手が正確に理解できるような話し方を心がけなくてはなりません。一方的に伝えるのではなく、**誰にどのように伝えれば分かりやすいかを考えます**。そのためには次のような要素が必要です。

①長い話しは結論から話す
②分かりづらい話しや情報量が多い話しは図式化する
③文書で伝える場合は、箇条書きを用いて分かりやすくする
④事実と意見を分けて話す
⑤相談の場合は最後に必ずお礼を述べる

時系列で伝える

過去・現在・未来と、時間の流れに沿ってほうれんそうをする方法もあります。「今までは○○の状況で、現在はこのようになっています。今後は○○が予想されます」というような方法です。ここでも事実と予想を分けて伝えます。

コミュニケーションは分かりやすさが勝負

レポートトークとラポートトーク

レポートは事実や情報を客観的に述べるトークです。ラポートはフランス語のラポール（信頼関係）と同じで、自分の主観や気持ちを伝え、人間関係を構築するトークです。米の言語学者デボラ・タネンが提唱

6 プレゼンテーションの基本

3つの基本

プレゼンテーションで大切なことは、まず好感の持てる話し方でしょう。その要素として**「話す内容（プログラム）」「人柄」「伝えるスキル」**の3つが欠かせないと言われています。ここでは学習によって身につけることができる、話し方のスキルに焦点をあてて2つご紹介します。

ホールパート法

「全体（Whole）→部分（Part）→全体（Whole）」と話を進める方法です。

「新しい空気清浄機の売れ行きが好調です→理由は手のひらサイズであることや、除菌効果が高いということのようです→人気の空気清浄機をお勧めします」

聞き手は話の冒頭で結論を知り、理解しやすいというメリットがあります。

PREP法

プレップ法は「結論→理由→事例→結論」の順番で話す、シンプルな構成法です。説得したい場合や強く勧めたいときなどに有効です。

説得にはPREP法が効果的

POINT（結論）	和食が健康にいいです
REASON（理由）	脂肪分が少なく、ヘルシーです
EXAMPLE（事例）	日本人が長寿なのも和食だからだと言われています
POINT（結論）	毎日の食事に和食を取り入れましょう

7 ビジネス文書Ⅰ～基本

文書に残す大切さ

電話やメールが普及している現代社会で、文書に残す作業にはどんなメリットがあるのでしょう。ビジネスの場では言った言わないといったトラブルを回避するのも文書に残す大きな目的です。つまり**証拠に残す**ということです。また、電話と異なり、聞き間違いといったミスや話し方からの誤解も起こりにくくなります。

年賀状やお礼状など、**人間関係構築のために必要な文書**もあります。

書く力と基本知識を習得しよう

「文書を作成する能力が非常に落ちている」という不満の声が企業から上がっています。電子メールでの文言も同様です。個性的な文書を求めているのではなく、正確で分かりやすく作成するということが大切なのです。

ビジネス文書では**一定の約束事や型**（**文書のレイアウト**）、**表現を覚えることで**、**見やすく、早く、楽に仕上げる**ことができます。能率よく仕事を処理するのも、大切なビジネスでの能力です。

証拠に残す大切さ

言った言わない…

8 ビジネス文書Ⅱ～社内文書

社内文書の特徴

社内文書は常例的なものが多く、届け出書なども含めて作成の頻度が多い文書は帳票にすると良いでしょう。次は作成のポイントです。

①大切な項目は、箇条書きを使って作成すると簡潔で分かりやすい
②受信者や発信者は、原則、個人名は書かず、役職だけでよい
③あいさつなどは省き、以上で締めくくる
④「です・ます体」を使用し、敬語は最小限でよい

社内文書の主な種類

種類は多数ありますが、指示、報告、連絡、記録のために社内文書が作成されます。

①通達書／回覧文書……従業員に必要な情報を伝えるもの
②報告書……研修内容や業務の進捗状況などを上司に伝えるもの
③稟議書……決裁が必要な案件を上層部に伺うもの（伺い書ともいう）
④議事録……会議の経過を記録したもの

社内文書の基本レイアウト

文書番号
○年○月○日

受信者名

発信者名

件　　名

本文

記

1. ＿＿＿＿＿＿＿＿＿＿＿＿＿＿＿＿

2. ＿＿＿＿＿＿＿＿＿＿＿＿＿＿＿＿

以上

担当者名

1 枚の文書に 1 件が原則です
2 つ用件があると、回答などが混乱するからです

9 ビジネス文書Ⅲ ～社外文書

社外文書の特徴

社外文書には、業務文書と社交文書（ビジネス文書Ⅳで説明）とがあります。社内文書と比べると**あいさつ文や丁寧な表現が求められます**。次は作成のポイントです。

①大切な項目や長い内容は、箇条書きを使って分かりやすく作成する
②受信者と発信者の役職は同等にし、会社、部署名、役職、氏名は省略しない
③頭語と結語、時候のあいさつなど（ビジネス文書Ⅴを参照）を基本的に入れる
④「です・ます体」を使用し、なるべく丁寧な表現を使用する

社外文書の主な種類

①通知状……事実を伝えたり、何かの連絡や案内をするもの
②照会状……問い合わせをするもの
③依頼状／承諾書……用件を頼むもの／承諾したことを知らせるもの
④注文書……商品やサービスを注文するもの
⑤請求書／催促状……支払いなどを請求する／納入や支払いなどを催促するもの

社外文書の基本レイアウト

文書番号
○年○月○日

受信者名

発信者名　㊞

件　　名

頭語　　　（前文）

　さて、（主文）

　まずは、（末文）　　　　　　　　　　　結語

記

1. ＿＿＿＿＿＿＿＿
2. ＿＿＿＿＿＿＿＿

なお、（追伸）

同封：

以上

担当者名
連絡先

- ケースによって押印が必要です
- 頭語の後に読点は入れません（×拝啓、）
- 地図や資料などの同封物がある場合は、追伸文の後に、同封として書き入れます

社内文書例

○○号
○○年 4 月 15 日

社員各位

総務部長

健康診断のお知らせ

下記のとおり健康診断を行いますので、社員の皆さんはぜひ受診ください。

記

1. 日　時　　5 月 10 日（月）9：00 ～
2. 場　所　　第一会議室
3. その他　　当日の朝食は控えてください。

以上

総務部
山本（内線 123）

社外文書例

○○号
○○年 11 月 6 日

株主各位

日本商事株式会社
代表取締役社長
高橋正一　㊞

臨時株主総会開催について（ご案内）

拝啓　晩秋の候、株主の皆様におかれましては、ますますご健勝のこととお喜び申し上げます。

さて、下記のとおり臨時株主総会を開催いたします。ご多忙の折恐れ入りますが、万障お繰り合わせの上、ご来臨賜りますようお願い申し上げます。

まずは取り急ぎ、書中をもってご案内申し上げます。

敬具

記

1. 日　時　11 月 25 日（土）13 時から 15 時
2. 場　所　第三会議室
3. 議　題　役員改選について

なお、出欠のご返事を 11 月 20 日までにお願いいたします。
同封：会社案内図

以上
担当者　△△
（連絡先×××）

10 ビジネス文書Ⅳ〜社交文書

社交文書の特徴

社交文書とは、社外文書の中でも儀礼的要素が強いものですが、**人間関係を円滑にするうえで取り交わす大切なもの**です。縦書きが主流でしたが、最近は横書きの文書も多く見られます。次は作成のポイントです。

①礼儀正しく、タイミングを逃さずタイムリーに出す
②格式が高く祝賀的な文書や慶弔状、礼状などは、句読点を入れないものや（この先も留めないという意味合いから）、件名（標題）をつけない場合もある
③文書番号は省略し、お悔やみ状はあいさつ文を省略する場合も多い

社交文書の主な種類

①慶弔状（お祝い・お悔やみ）……年賀や祝賀のお祝い、訃報へのお悔やみを表すもの
②あいさつ状／案内状……代表就任や転勤、社屋移転などを知らせるもの
③礼状……感謝の意を書き記した手紙。お礼の気持ちを述べるもの
④見舞い状……病気入院へのお見舞いや、暑中・残暑のお見舞い

紹介状の書き方

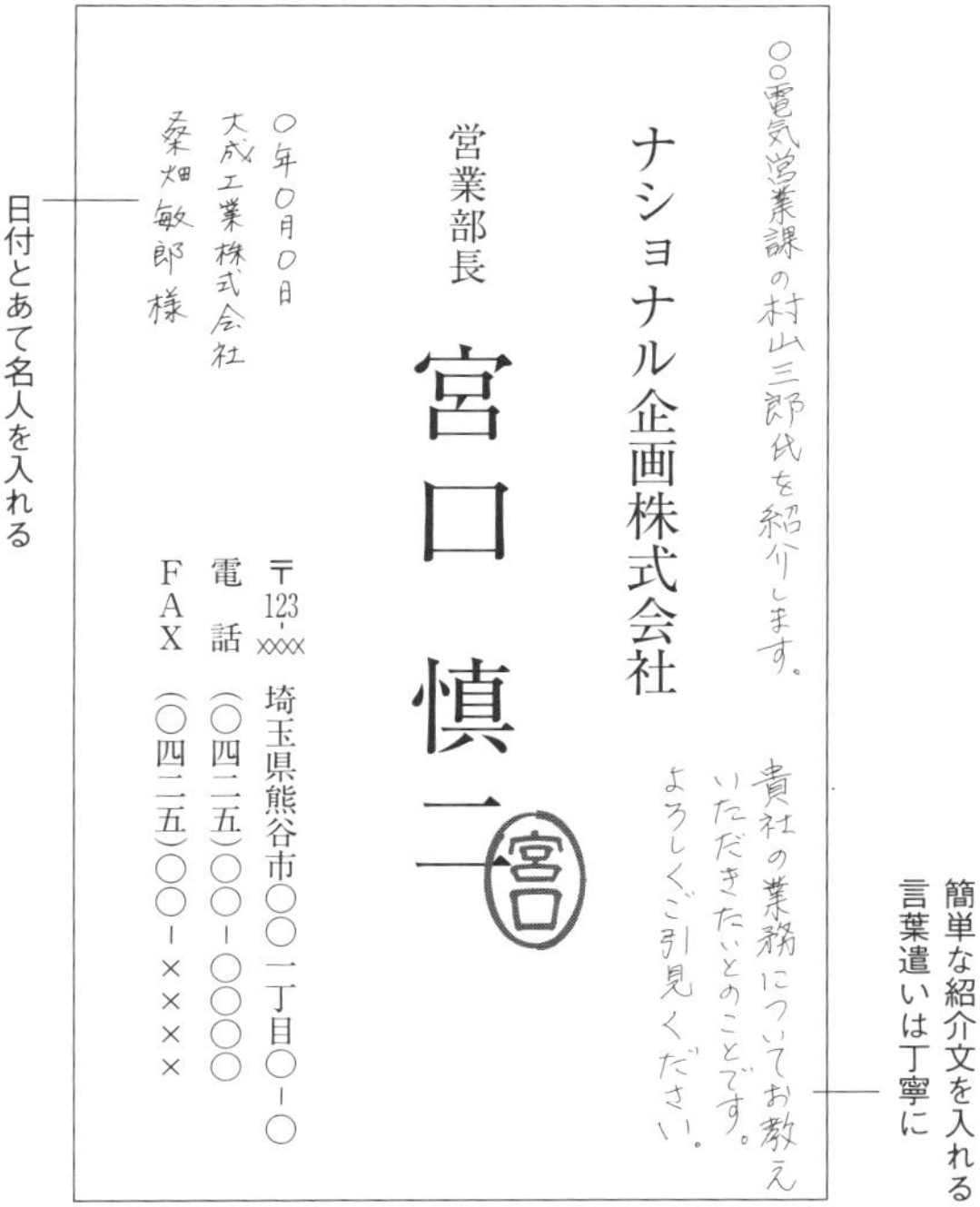

○○電気営業課の村山三郎氏を紹介します。
貴社の業務についてお教えいただきたいとのことです。よろしくご引見ください。
ナショナル企画株式会社
営業部長
宮口慎一
宮
〒123-xxxx 埼玉県熊谷市○○一丁目○-○
電話 (○四二五)○○-○○○○
FAX (○四二五)○○-××××
○年○月○日
大成工業株式会社
桑畑敏郎様

紹介状は目上には文書、目下には名刺で作成します

11 ビジネス文書Ⅴ～慣用表現

頭語と結語の役目

頭語は手紙の冒頭に書く「こんにちは」、結語は結びに書く「さようなら」にあたる言葉です。頭語は結語と対応し、相手や状況にふさわしいものを使います。

慣用表現を使う

古くから広く使われてきた、ひとまとまりの文句、言い回しの表現です。これらを使うことで、**ビジネス文書を効率的に作成することができます。**次はいくつかの例です。

①前文のあいさつ……貴社ますますご繁栄のこととお喜び申し上げます
②日ごろのお礼……平素は格別のご高配を賜りまことにありがとうございます
③つまらないものだが受け取ってほしい……ご笑納くださいますよう
④調べて受け取ってほしい……ご査収くださいますよう
⑤忙しい中、何とか来てほしい……万障お繰り合わせのうえご来臨くださいますよう
⑥めでたく喜ばしいこと……ご同慶の至りに存じます
⑦この手紙で……書中をもって

頭語と結語

	頭語	結語
一般的文書	拝啓	敬具
改まった文書	謹啓	謹白／敬白
急ぎの文書	前略／冠省	早々／不一
返信	拝復	敬具

頭語

拝啓 → 一礼をして申し上げます

謹啓 → 謹んで申し上げます

前略／冠省 → 前文を省略します

拝復 → 敬意を表しご返事申し上げます

結語

敬具 → 敬って申し上げます

謹白／敬白 → 謹んで申し上げます

草々 → 走り書きをいたしました

不一 → 十分に意を尽くせませんでした

※かしこ…かしこまって申し上げます（女性の私信で使われます）

時候のあいさつ

初めのあいさつ

1月	初春／大寒／新しい年を迎え……
2月	晩冬／余寒／立春とは名ばかりの寒さ……
3月	早春／春暖／急に春めいて……
4月	陽春／晩春／春たけなわの季節に……
5月	新緑／薫風／青葉薫るころと……
6月	梅雨／麦秋／うっとうしい季節に……
7月	盛夏／猛暑／連日厳しい暑さが続いて……
8月	盛夏（立秋迄）／残暑／残暑厳しき折……
9月	初秋／新秋／爽やかな季節を迎え……
10月	冷秋／清涼／実りの秋と……
11月	晩秋／向寒／秋も一段と深まって……
12月	初冬／寒冷／暮も押し詰まって……

※「時下」はどの月でも使えます。

拝啓　時下ますますご清栄のこととお喜び申し上げます
拝啓　初秋の候、貴社ますますご隆盛のこととお喜び申し上げます

結びのあいさつ

1月	寒さ厳しきおり、※
2月	寒さが一段と増していますので、※
3月	まだまだ寒い日が続きますが、※
4月	季節の変わり目ですので、※
5月	季節が安定しませんが、※
6月	暑さに向かいますので、※
7月	猛暑のおり、※
8月	残暑厳しきおり、※
9月	季節の変わり目ですので、※
10月	季節が行ったり来たりですが、※
11月	寒さに向かいますので、※
12月	師走で慌ただしいとは存じますが、※

※「ご自愛ください」と続けると良いでしょう。

ビジネス文書の決まりごと

安否のあいさつ

組織・団体	清栄・繁栄・隆盛・発展
個人	健勝・清祥

敬称のつけかた

組織・団体	御中
個人	様・殿（企業内では“様”が主流）
恩師	先生
多数	各位

※山下先生様、株主各位様などは、敬称が２つになるため、不適切となります。文法上、佐々木部長様という表現も間違いですが、話し言葉などで「○○部長様はいらっしゃいますか」という表現は実際に使われています。このようなケースも知っておきましょう

12 はがきⅠ～基本

はがきのルール

顧客や出張先でお世話になった方へのお礼状は、**気軽なはがきが便利**です。相手への親密度によっては、頭語や結語、堅苦しい時候のあいさつなどを省くこともあります。ただし、宛名の書き損じは失礼になりますので、修正液などは使わずその場合は新しいはがきに書き直しましょう。次ははがき作成のポイントです。

①住所は省略せず、ビル名までしっかり書く
②複数人に宛てるときは、それぞれの名前に敬称を付ける

　吉田　隆志**様**
　藤本　里美**様**

③人数が多い場合は、「営業部御一同様」「総務部人事課御中」などとする
④通常は表面に発信者の住所・名前を記載するが、文面が短い場合は、裏面に書いてバランスをとる
⑤日付を入れる場合は、本文の最後の行に改行して入れる

宛名は丁寧に書く

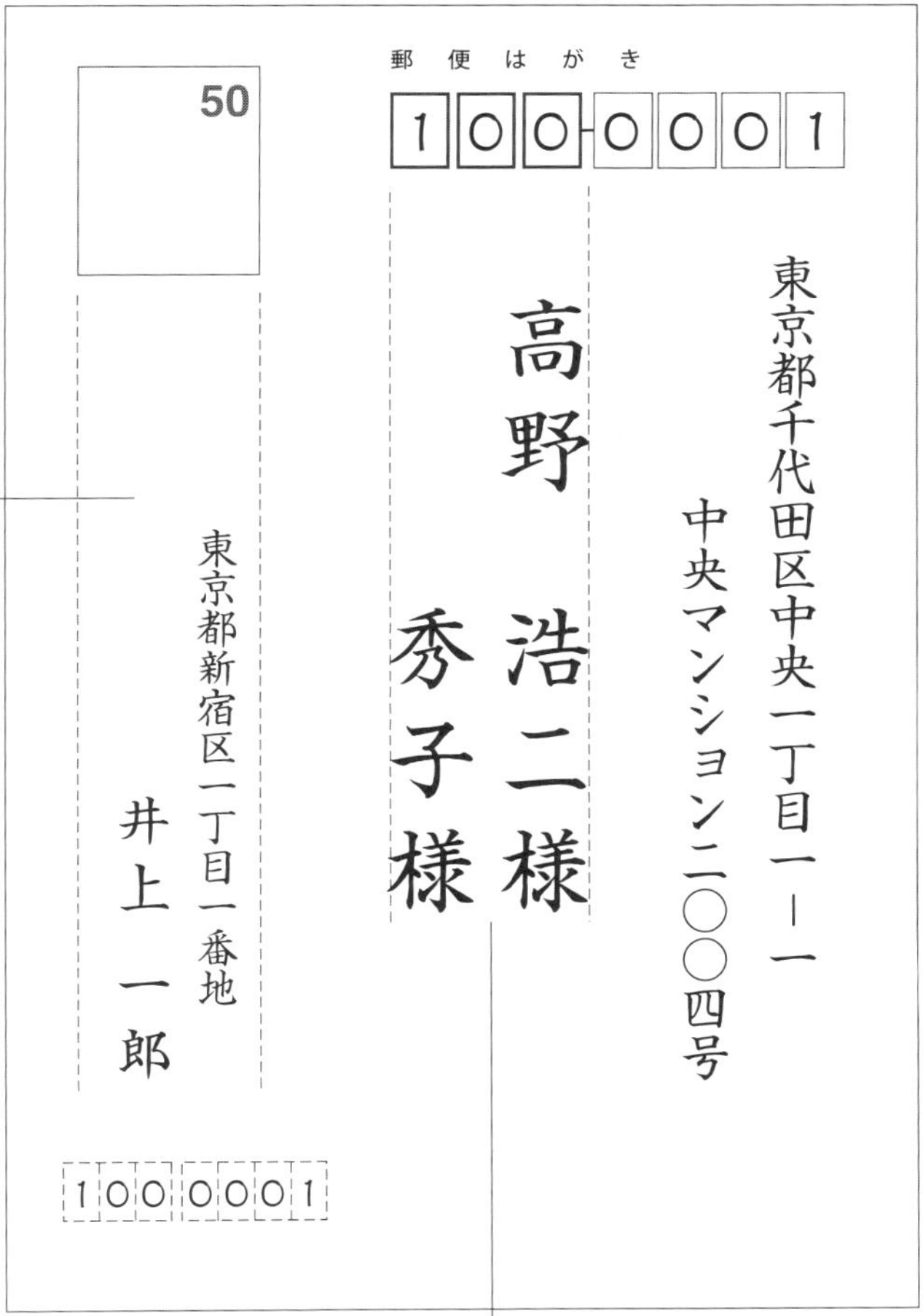

切手の幅内が適切

氏名は住所より少し大き目。
なるべく郵便番号の幅内に
おさめるとバランスがよい

13 はがきⅡ ～往復はがき

返信はがきの書き方

新製品発表会や各種セミナーなど、ビジネスの場では参加・不参加を知らせる返信はがきを出す機会が結構あります。しかしながら、丁寧に作成して期限までに投かんする社会人はそう多くはいません。忙しいのでしょうか、出席か欠席かだけにマルをつけて送られてくる返信はがきは味気ないばかりか、社会人としての品格を疑ってしまいます。手間はかかりませんので、**届く先に失礼のないように作成し、期限内に送ることは大切なマナーであり、信頼を生みます。**

プライベートでの返信

プライベートでもビジネスと同様です。披露宴の招待を受けたときなどは、なるべく早く返信はがきを出します。**披露宴と弔事（葬儀）が重なった時は、付き合いの深かった方を優先させる**とよいでしょう（以前は弔事が優先でした）。

やむを得ず欠席する場合は、「残念ですが所要のため」「あいにく出張のため」など、**理由も書き添えます。**

返信はがきのマナー

黒インクで書きましょう

（裏）

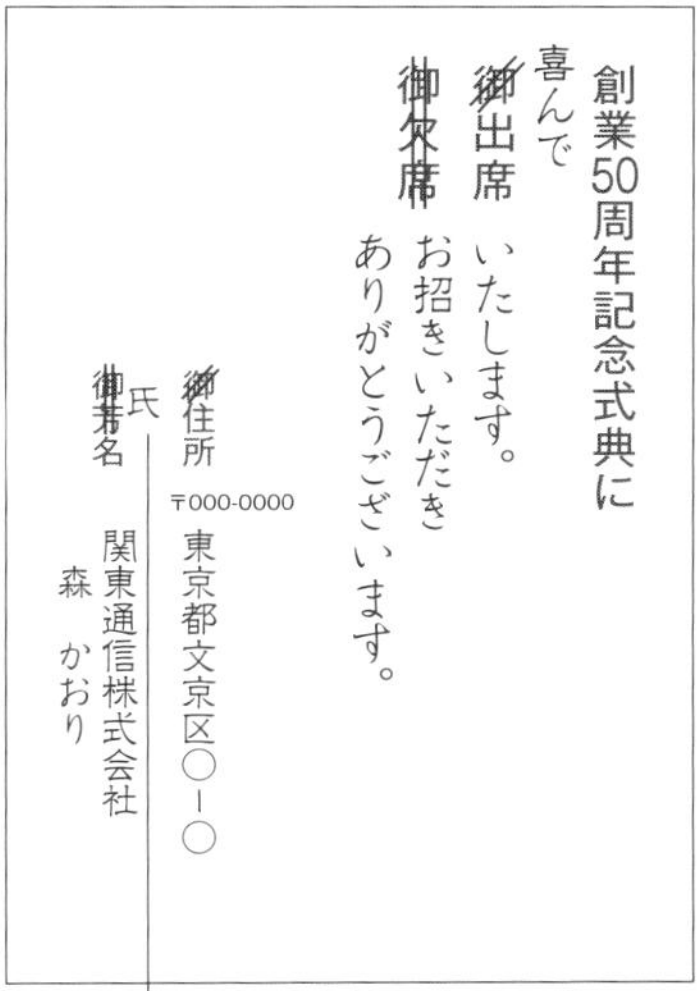

「御芳名」は御芳まで消し、「氏名」にするとより丁寧

（表）

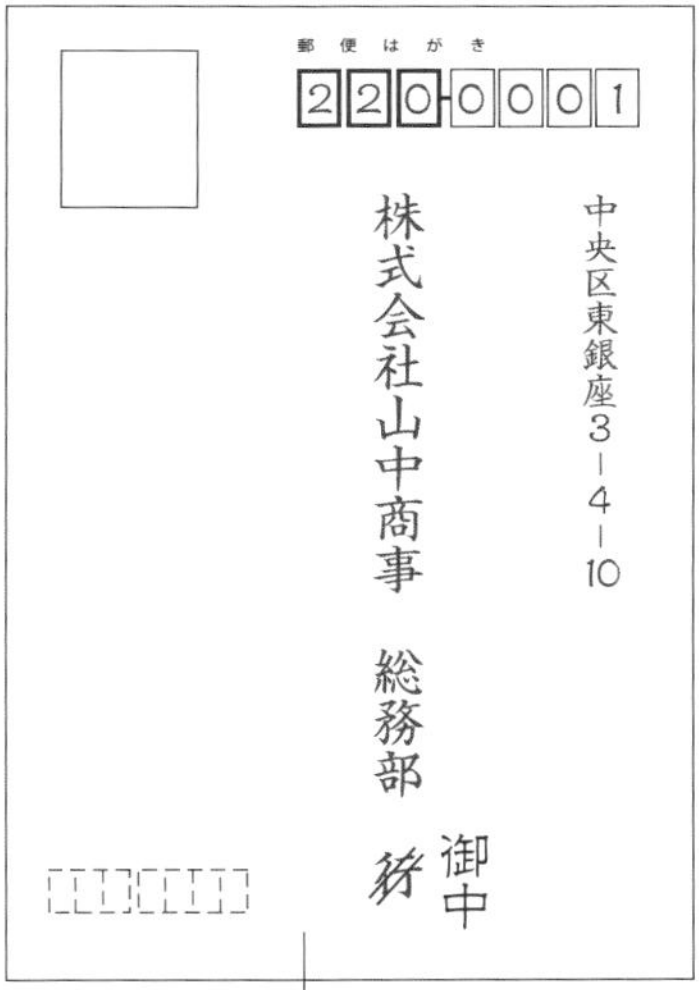

「行」は「御中」に直す
個人宛なら「様」に直す

ポイント

①訂正がある場合は２本線で消します
（1 文字は斜目線で消すとわかりやすいが縦線でも OK）
②返信はがきにはひと言添えましょう
③文書の校正では文字訂正をする場合、右側に書き直します（いろいろな説がありますが、要はバランスです）

14 封筒の書き方

宛名をバランスよく書く

メール時代になり、手紙を書く機会が極端に減ったためか、封筒に宛名を書くという作業ができない社会人が多く見受けられます。ＰＣでラベルに宛名を出力し、貼るだけという場合も多いのでしょう。極端に文字が小さかったり大きかったり、全体のバランスが悪かったり、切手の位置が間違っていたりといった具合です。縦長・横長封筒ともに書き方に基本のルールがありますので、それらを習得し、体裁よく仕上げましょう。

封筒にもルールがある

①会社名を省略しない……×日本物産（株）→○日本物産株式会社
②役職……役職名－○○様とする（人事部長　井出真佐子様）
③宛名は中央に少し大きめな文字で、見やすく書く
④親展や見積書在中などの脇付は切手の下、敬称のあたりに書く
⑤二重の封筒はあらたまった手紙に使い、二重が「重なる」という意味になるため不祝儀には使わない

縦長封筒・横長封筒

<縦書き封筒>

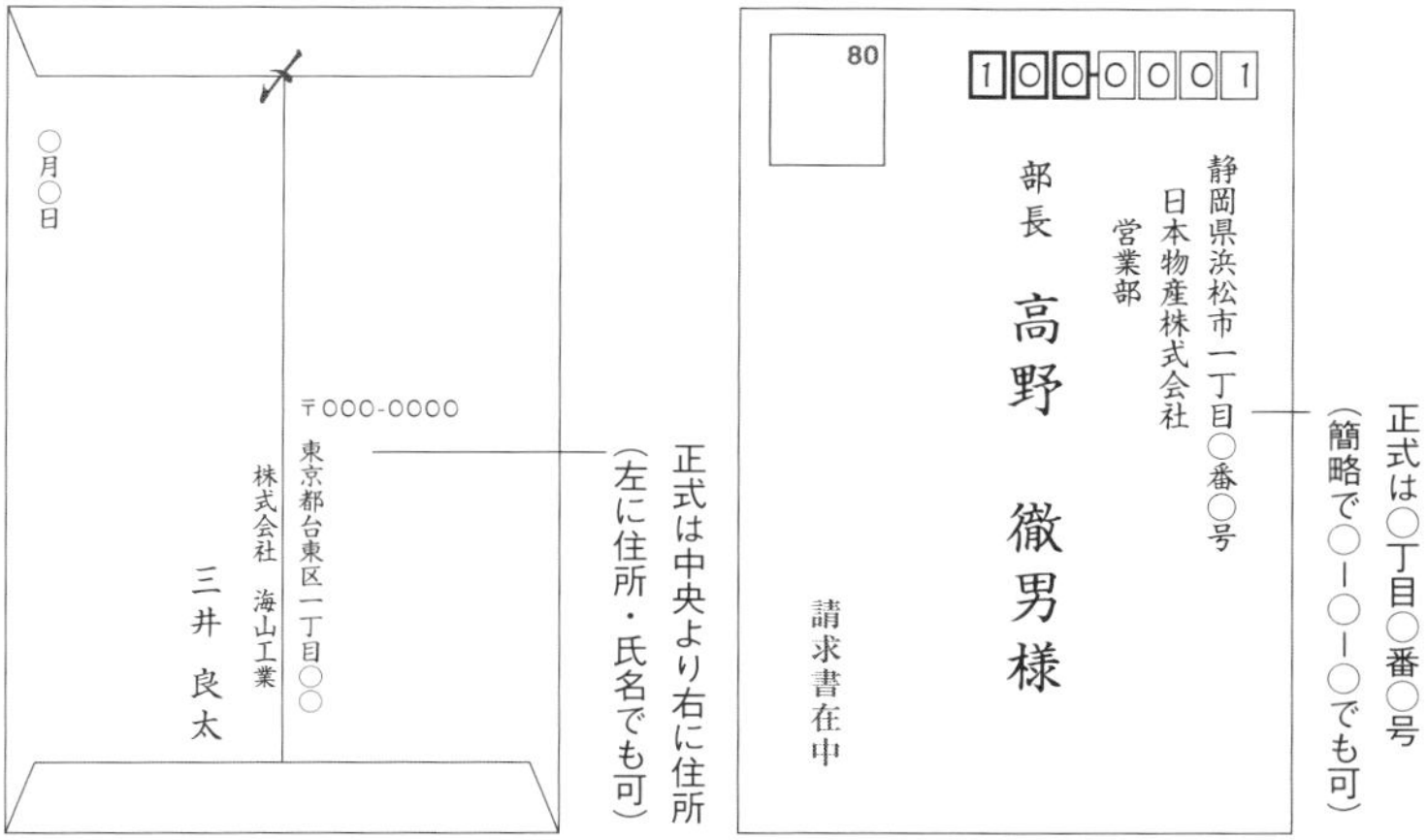

<横書き封筒>

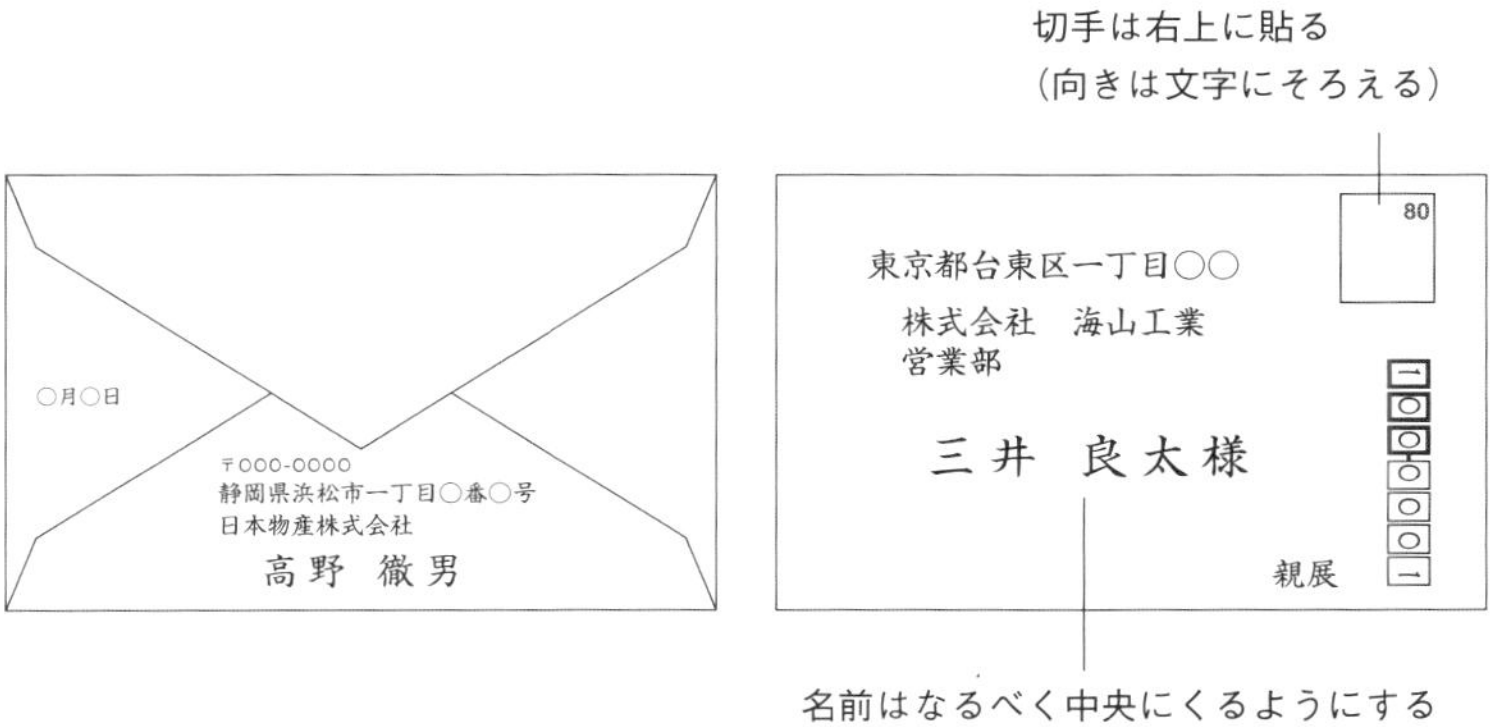

※封筒もバランスが大切です

15 電子メール

電子メール

ビジネスでの電子メールのやりとりは当たり前になりました。電子メールはデジタル社会の基本的道具であり、正しく使うことは、現代人にとって必須であると考えています。返信はなるべく早く出すよう心がけ、誤解が生じやすい文言は避けましょう。

次は利用する際に気をつけるポイントです。

①タイトルは15文字以内で具体的につける
②1行は30~35文字程度で適宜改行し、5、6行で1行あけると見やすい
③簡潔にわかりやすく書く
④重要な案件は余裕を持って送る（出張や休暇ですぐに見ない可能性）
⑤時候のあいさつは不要
⑥行頭は揃え、一時下げなどはしない
⑦半角カタカナは文字化けしやすく、また絵文字は使用しない
⑧相手先のアドレスを再確認して送る

電子メールの基本レイアウト

to（宛先）

cc

（bcc）

件名　資料送付のお礼

朝日商会株式会社
人事部　大野孝介様

お世話になっております。
海山物産の小泉です。

先日は資料をお送りいただきまして、
ありがとうございました。
・・・・・・・・・・・・
・・・・・・・・・・・・
・・・・・・・・・・・・

今後ともよろしくお願いいたします。

株式会社海山物産
総務部　小泉秀樹

TEL 000-000-000
URL：www・・・・
E-mail：・・・・・

- TO：メールを送る相手
- CC：参考に読んでほしい人（carbon copy）
- BCC：送る相手に送信先を見せたくない人（blind carbon copy）

✓ ビジネス文書チェックシート

次の社外文書にある６つの間違いを正しましょう（正解はP180）

9月15日

株式会社日本物産御中
営業部　須藤勇一様

（株）亜細亜商事
営業部　中山弘志㊞

新製品発表会のご案内

拝啓　初秋の候、貴社ますますご健勝のこととお喜び申し上げます。平素は格別のご愛顧を賜り、厚くお礼申しあげます。

さて、当社がかねてから開発しておりました新製品「FT－2」がこのたび完成いたしました。

　つきましては下記のとおり、発表会を開催いたしますので、ご多忙中とは存じますが、ぜひご来席賜りますよう、お願い申し上げます。

　まずは取り急ぎ、ご案内申し上げます。

早々

記

1．日　時　　10月1日（月）13：00～15：00
2．場　所　　当社会議室

以上
担当　菊池由美

✓ 表現チェックシート

次の下線の部分を適切な表現に直しましょう（正解はP180）

①平素は特別のご高配を賜り　（　　　　）
②以前から建設中の社屋　（　　　　）
③○○さんをご紹介いたしますので、よろしく会ってくださいませ　（　　　　）
④私こと、大阪勤務を命ぜられ　（　　　　）
⑤本当におめでとうございます　（　　　　）
⑥簡単ながらごあいさつ申し上げます　（　　　　）
⑦深くお礼申しあげます　（　　　　）
⑧どうかご容赦ください　（　　　　）
⑨気持ちを集中して努力してまいります　（　　　　）
⑩これまでにも増してご支援ください　（　　　　）
⑪他事ながら気にしないでください　（　　　　）
⑫今後も努力するつもりです　（　　　　）
⑬残念ですが在庫を切らしております　（　　　　）
⑭ご案内のついでに　（　　　　）
⑮ご著書を送っていただき　（　　　　）

6 仕事の実務マナー

✓ ビジネス文書チェックシート【解答】

①９月15日→2010年９月15日（元号もOK）
②日本物産御中→御中を削除
（個人名があるばあいは“様”だけでOK）
③（株）亜細亜商事　→株式会社亜細亜商事
（会社名は省略しません）
④ご健勝→ご繁栄／ご隆盛など（ご健勝は個人宛のものです）
⑤さて　→　前に１マス入れる（改行したら１マスさげる）
⑥早々　→　敬具（拝啓の結語は敬具。早々は前略の結語）

✓ 表現チェックシート【解答】

①格別の	②かねてより	③ご引見
④儀	⑤誠に	⑥略儀ながら
⑦厚く	⑧何とぞ	⑨鋭意
⑩倍旧の	⑪ご放念	⑫所存
⑬あいにく	⑭かたがた	⑮ご恵贈

第七章

冠婚葬祭のマナー

1 慶事と弔事

冠婚葬祭とは

冠は成人、婚は婚礼、葬は葬儀、祭は祖先の祭祀を指します。元来、人が生まれてから亡くなり、その後の行事まで含めた家族的催し物全般を指していますが、現在は人生の節目の通過儀礼としての意味合いが濃くなっています。日本には様々な風習や行事があります。時代とともに少しずつ変化してはいますが、それぞれに**約束事があり、**「**知らなかった**」**では社会人はすまされません**。基本的なことは知識としてしっかり身につけ、分からないことは事前に上司や先輩に聞き、失礼のないように対応します。

慶事とは

慶事とは喜ばしいお祝い事を指します。身近なところでは結婚・出産や長寿のお祝い、ビジネスでは創業○周年や新社屋完成、受賞祝いというものもあります。

弔事とは

弔事とはお悔やみ事を指します。会社関係者の訃報などは、基本的ルールや前例に従って対応します。

知らなかった！は社会人失格

冠

婚

葬

祭

お見舞いの花

次の花は一般的にお見舞いにふさわしくないとされています（相手が好きな花なら OK ですが、花瓶のいらないものが人気です）

・鉢植え（根付く⇒入院が長引く）
・花が下向きに咲いたり、花がボトッと落ちるもの（気分が下がる・不気味）
・4 本や 9 本の切り花やシクラメン（死や苦を連想）
・香りがきつい花や真っ赤な色の花

2 慶事の基本

結婚式への対応

社会人になれば先輩や同僚の結婚式に招待される機会が多くなります。次はそのポイントです。

①招待への返事→なるべく早目に出します。（返信はがきの書き方は6章⑬参照）

②お祝い金→偶数は「割れる」ということから縁起が悪いとされていましたが、最近では特にこだわらなくなっています。しかし**四（死）、九（苦）は避けた方が無難**です。慶事の際には**新しいお札を用意し、ふくさに包んで持参**します

③出席しない場合→祝電や結婚祝いを贈る場合があります。どちらにしても連名で送ることが多いので、周囲に相談しましょう

忌み言葉に気をつけよう

別れる／切れる／終わる／死ぬ／破れる／壊れる／戻る／割れるなどが忌み言葉の代表です。他にもいろいろありますが、あまり意識すると逆に会話やスピーチがぎこちなくなってしまいますので気をつけます。

賀寿をお祝いしよう

賀寿とは長寿のお祝いです

還暦 60 歳	十二支が一巡して自分の干支に戻る年
古希（古稀）70 歳	杜甫の「人生七十古来希（稀）なり」に由来したもの
喜寿 77 歳	「喜」のくずし字が七十七と読めることに由来
傘寿 80 歳	「傘」のくずし字の、八と十を重ねた形
米寿 88 歳	「米」が八十八と読めることに由来
卒寿 90 歳	「卒」のくずし字「卆」が九十と読めることに由来
白寿 99 歳	「百」から一（1）を取ると数字の 99 で白とも読めることに由来

3 弔事の基本

訃報への対応

仕事関係者の訃報を知った場合、次の内容を確認して社内関係者に速やかに連絡します。その際、前例なども調べておくとよいでしょう。対応は上司の指示を仰ぎます。

①通夜・告別式の日時と場所
②死因（必要に応じて）
③喪主と宗教

通夜と告別式の場所が異なる場合もあります。また、弔電や供物は喪主宛てに送り、宗教によって葬儀形式や香典の表書きなどが違うため、確認が必要です。

弔問でのマナー

お悔やみの言葉は**「このたびはまことにご愁傷様でした」**と簡単に弔意を伝え、参列者に顔見知りがいても目礼程度に留めます。代理で参列する場合は、芳名帳に**上司の名前を記し、その下に小さく（代）**と入れます。また上司の名刺の右肩に「弔」と記し、自分の名刺には、「代」と記入して記帳の代わりに差し出す場合もあります。

葬儀の場ではしゃがない

目礼であいさつ

4 慶事と弔事の服装

結婚式や祝賀行事

【女性】会社内での人間関係なら、他の出席者と合わせるとよいでしょう（白は避けます）。仕事で結婚式や祝賀行事の受付をするケースでは、仕事の一部と考えスーツに少し華やかさをプラスする程度にします。

【男性】**昼の時間帯ならブラックスーツ（礼服）が一般的**です。白いシャツとネクタイ（白黒のストライプやグレーもＯＫ）、小物は黒です。最近では蝶ネクタイやポケットチーフなど、おしゃれな若者もよく見かけます。

弔問

通夜、告別式とも喪服を着用する人が多くなっています（仕事先から通夜に向かう場合はブラックスーツで対応）。

【女性】ストッキングなど、小物は黒で統一し、光沢のあるバックや靴は避けます。アクセサリーは一連の真珠と結婚指輪はＯＫです。

【男性】ネクタイや靴下、靴などは黒で統一します。カラーシャツは不可です。

ドレスコード（服装指定）

ドレスコードが「平服で」とあっても、慶事の場という意識を反映させましょう

（昼）	正礼装	準礼装	略礼装
男性	モーニング	ブラックスーツ	ダークスーツ
女性	アフタヌーンスーツ	フォーマルウェア	インフォーマルドレス／ワンピース

（夜）	正礼装	準礼装	略礼装
男性	タキシード	ブラックスーツ	ダークスーツ
女性	イブニングドレス	ディナードレス	インフォーマルドレス

※上級礼装は燕尾服（男性）デコルテ（女性）、また準礼装では男性の親族がディレクターズスーツ（黒の上着に縞のズボン）などを着用するケースもあります。

弔辞の服装

男性
Yシャツは白、ネクタイ、くつ下、くつなどは黒にし、派手なめがねは避ける
女性
光沢のあるバックや靴は避け、お化粧は薄めに

慶事の服装

男性
女性
若者はブラックスーツが一般的
略礼装でもストールなどを上手にアレンジして、フォーマル感をアップ

5 祝儀袋と不祝儀袋

基本知識

祝儀袋も不祝儀袋も中に包む金額に見合った装飾のものを使います。金額が高くなるにつれて装飾も華美になります。また、金額は相手との関係や社会的地位を考慮して決めるとよいでしょう。ただし、地域によっても金額に開きがありますので、習慣などを確認して包みます。中袋に書く金額は「壱、弐、参、拾、萬」などの大字（だいじ）と呼ばれる漢数字を使用するのが正式ですが、現在は一般的な漢数字でもＯＫです。

祝儀袋

次ページのイラストにあるように、祝儀袋には結婚祝いとその他の慶事で使用するものとの2種類がありますので間違えないようにしましょう。

不祝儀袋

宗教や地域によって若干異なります。蓮の花の模様がある不祝儀袋は仏教用ですので、その他の宗教には使えません。また、薄墨で書く（涙で墨が薄まる）と言われていますが、昔からある風習ではないようですので、あまりこだわらなくてもよいでしょう。

上書きのルール

水引きの結び方

蝶結び（花結び）

祝儀全般

結び切り

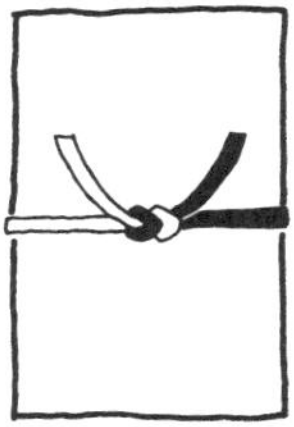

結婚祝と不祝儀

あわび結び

結婚祝と不祝儀

名前の書き方

1 名は中央に

右から年齢や地位が
高い順

連名は 3 名まで

それ以上は
・総務部一同
・森卓也他 5 名など

会社名を書く

宛名

宛名を書く

左から年齢や地位が
高い順

水引の種類と名前の書き方

何度あっても良いお祝い事は「蝶結び」、結婚式など繰り返さないほうがよいお祝い事やお悔やみ事は「結びきり」「あわび結び」を使います
蝶結びは何度でも結びなおせ、結びきりは 1 度結ぶと簡単にほどけないという意味です（お見舞いに水引はつけません）

上包みの折り方

慶事

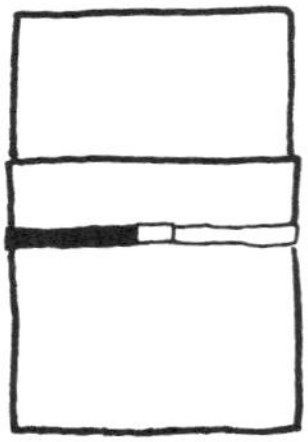

喜びは上を向く（楽しいことは袋に入れる）

弔事

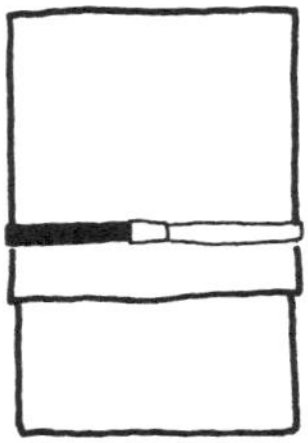

悲しみは下を向く（悲しいことは袋から落とす）

祝儀袋（のし袋）

「熨《の》斗《し》」という慶事の飾り。昔は長寿食のアワビをのしてお祝物にしていた名残りとして使用

弔事の上書き

葬儀全般（仏式）

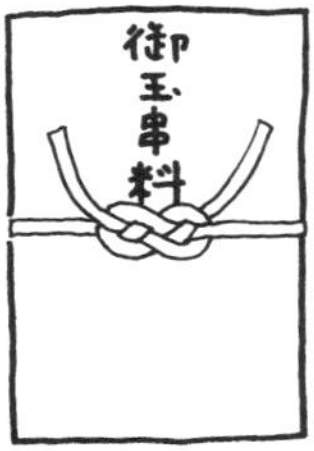

神式

キリスト教式（カトリック）

キリスト教式（プロテスタント）

上書き（表書き）の種類

（慶事）

用途	上書き
結婚・賀寿	寿
結婚・出産・新築・入学・賀寿・ 創業○周年・社屋完成など	お祝い（御祝い）／出産祝い 新築御祝い
転勤	御餞別
栄転	祝栄転
お礼	お礼／薄謝／寸志
返礼	内祝い
仲人や参列者へのお礼	お車代／御酒肴代

※薄謝（謝礼の謙譲語）や寸志（志の謙譲語）は目下の場合に使用

（弔事）

用途	上書き
仏式	御霊前／御仏前
神式	御霊前／御神前／御玉串料
キリスト	御霊前／御花料／御花輪代
香典返し	弔明け／志

※カトリックは「御ミサ料」となる

（その他）

見舞い（病気や災害）	お見舞い
返礼	快気祝い
選挙見舞い	陣中見舞い
気持ちだけのお礼	粗品

6 テーブルマナーⅠ～和食

和食の基本

和食では「箸の取り扱い」が重要視されています。箸使いにたくさんのマナーがあるのもそのためです。**正しい箸の使い方は、その人の品格があらわれるとも言われています。**また、**和食の器は手に持って食べます。お茶やお椀などは箸をいったん置いて両手で持つと優雅に見えます。洋食と異なり、和食は全員揃って食べ始めます。**

①お箸……箸の中ほど、少し上あたりを持つ

②割り箸……左右に割らず、上下に静かに割り（脇の人に当たらない）、食事を終えたら箸袋にしまう

③おしぼり……おしぼりで顔や首などをふかない

手皿

口に運ぶ箸の下に手を添えるしぐさは実はタブーです。手に落ちた食べ物を口に入れ、いわゆる卑しい行為だと言われています。器を近づけて口に運ぶ、あるいは懐紙を使うようにしましょう。（懐紙は汚れを拭いたり、心付けを包んだり万能です）

御膳の配置をマスターしよう

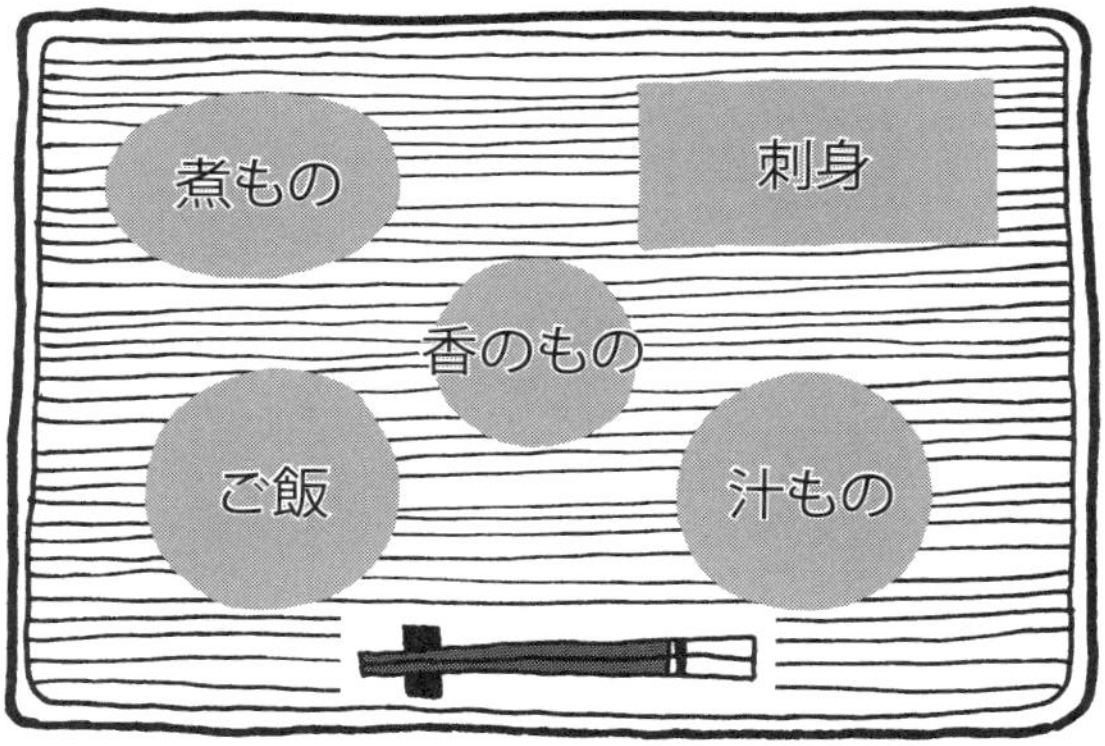

箸《はし》使いのタブー

探り箸	汁物の中を箸で探ったりして自分の好きなものを探り出したりする
重ね箸	一つのおかずばかり続けて食べる
かみ箸	箸の先をかむ
移り箸	いったん取りかけてから他の料理に箸を移す
なみだ箸	箸の先から料理の汁などをポタポタ落とすこと
寄せ箸	食器を箸で手前に引き寄せる
迷い箸	どの料理にするかお箸を持ったまま迷うこと
指し箸	食事中にお箸で人や物を指すこと

7 テーブルマナーⅡ～洋食

ナイフ・フォーク・スプーン（カトラリー）

日本のマナーは明治時代に政府が学んだとされる英国式が主流です。フランス式とはカトラリーのセッティングなども逆になります。**和食は「箸使い」が大切でしたが、洋食の場合は「音」です。カトラリーや食べ物の音を立てないことがマナー**になります。

①ナイフとフォーク……ハの字は食事の「途中」、揃えて置くのは「終了」の合図
②スープ……手前から奥にスプーンを動かし、少なくなったら皿の向こう側に傾ける
③パン……話がしやすいように一口ずつちぎって口に運ぶ
④魚……骨付きの魚は裏返さず、骨を取り除いて下身を食べる（和食も同様）

ナプキン

①準備……2つ折りにして輪の部分が手前にくるように置く
②離席……軽くたたんで椅子の上か背もたれに置く
③終了……軽くたたんでテーブル上に置く

カトラリーのセッティング

ナイフの刃の向きは内側（自分の側）です。一番外側から使います

食事終了のナイフ・フォークの置き方

イギリス式

フランス式

イギリス式

食事中

8 テーブルマナーⅢ～中華

中華の円卓

中国料理の大きな円卓は、日本で考案されたものです。高級店では回転テーブルを回さずとも、スタッフがひとりひとりのお皿に分けてくれますが、自分たちで取り分ける場合は、上座の人から順次取り、**時計回りに静かに回していきます**。

中国料理の場合は、それほどマナーにこだわる必要はありませんが、和食と異なり、**取り皿や器はテーブルに置いたまま食べるのが正式なルール**です。

次はいくつかのポイントです。

①回転テーブルの上には自分の皿やグラスは置かない。特に、グラスや瓶は不安定で回したときに倒れる可能性があるので注意が必要
②料理ごとに取り皿を変える（1皿1品）
③大皿から料理を取る場合も取り皿は置いたままにする
④ご飯茶碗は手に持って食べる
⑤スープや炒飯、麺類などは〝れんげ〟を上手に使う

健康は楽しい食事から！

精神的にも、感情的にも、そして肉体的にも健康を保つ！

笑いながら
食事をすると
健康になる！
（食は良い人と書く）

✓ テーブルマナーチェックシート

正解はどれでしょう（解答は下）

①和食では食事の手を休める場合、箸は皿の上に置く　（　　）
②和食では料理が運ばれた人から箸をつける　（　　）
③和食のお吸い物のふたは、食後は裏にしてのせて置く（　　）
④中華はお皿を重ねてもよい　（　　）
⑤麺類は箸でれんげに置いてから食べる　（　　）
⑥中華では食べ終えたお皿は回転テーブルに置く　（　　）
⑦中華では回転テーブル上に調味料を置いてもよい　（　　）
⑧洋食のライスはフォークの背に乗せて食べる　（　　）
⑨洋食での肉料理は最初に全部切り分けてから食べる　（　　）
⑩洋食のパスタはスプーンを添えて食べる　（　　）

✓ テーブルマナーチェックシート【解答】

①×　箸置きか割り箸袋を折って代用する
②×　全員の食事が揃ってから食べる
③×　ふたは飲み終わったら元のように置く
④○
⑤○
⑥×　食べ終わったものは置かない
⑦○
⑧×　普通にフォークの腹に乗せて食べる
⑨×　食べるごとに左側から一口大に切り分ける
⑩×　スプーンは添えず、食べやすい量をフォークに巻いて口に運ぶのが正式

〈memo〉テーブルマナーについて気がついたことを書きましょう

第八章

他国のマナー

1 海外事情

文化や習慣を理解する

グローバル化やＩＴ化で、ビジネスはいろいろな国に広がっています。当然のことながら人と人とが仕事をするわけで、そこには感情が入ってきます。**無意識に発した言葉や、何気ない行動が相手を不快にさせ、商談にも影響しかねません。**宗教などデリケートな問題もありますが、ビジネスマンとして最低限のマナーは身につけ、よりよい関係を築きたいものです。

会食マナー

「郷に入れば郷に従え」とあるように、その国の食事を理解するのも仕事の一部です。会食をする場合は、相手の好みに配慮し、また**その国の食べ方を受け入れましょう。**日本食は箸使いなどが難しく、生ものも多いため、初回は避けたほうが無難です。

メキシコなどの「朝食会」、アメリカなどの「昼食会」と、国によっては商談を食事とともに行っています。日本でも最近増えていますが、朝食付きセミナーも多く実施されています。

3つのタブー

貧困・犯罪・宗教の話題は避けよう

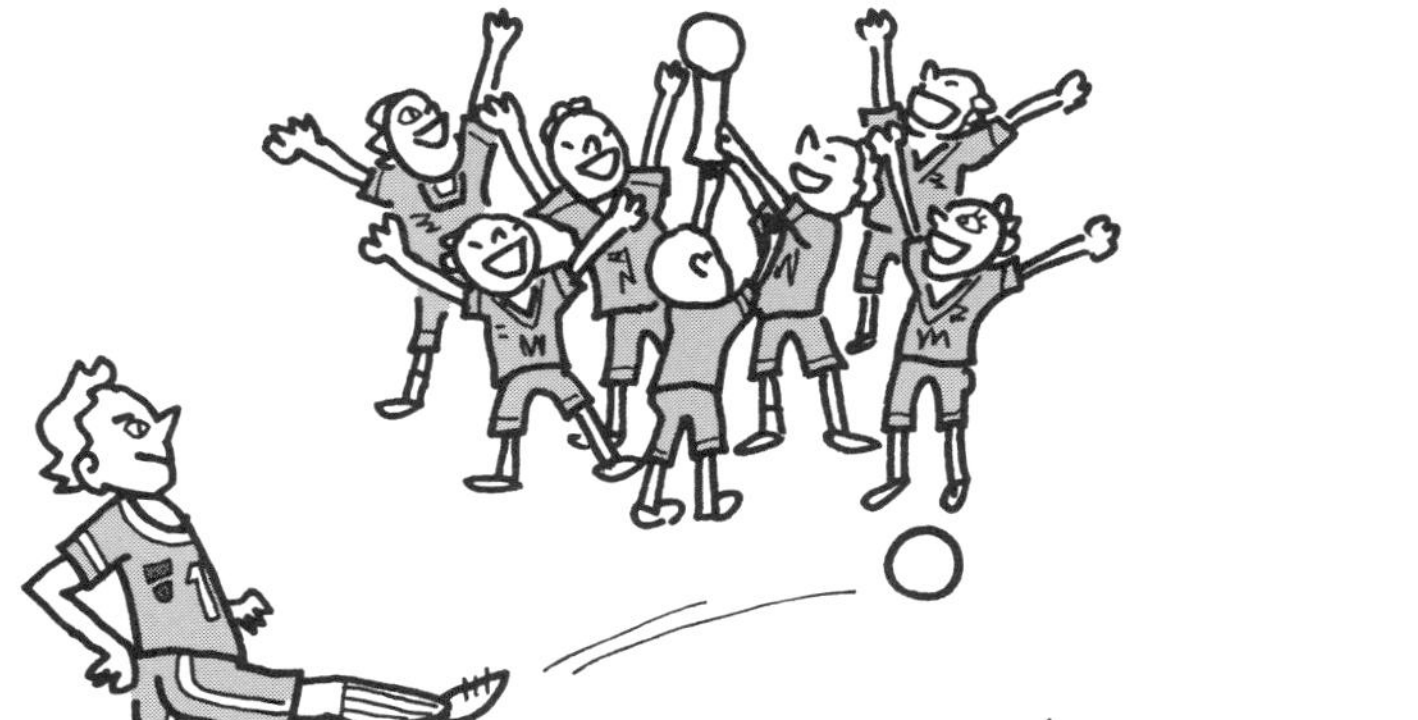
勝負事は楽しい会話にしよう!!
すばらしい選手ですね
Oh!

2 海外のあいさつ

握手の基本

2章⑤でもお伝えしたように、欧米のあいさつは握手です。握手は古代ギリシャに始まったと言われていますが、イギリスやオーストラリアなど、アイコンタクトを重視する国や、ブラジルのように握手の後に親しみを込めて肩をポンとたたく国もあるようです。ポイントは次のとおりです。

①笑顔でアイコンタクトをとり、元気よくしっかり行う
②**汗ばんだ手、弱い握り、長すぎたり強すぎたり、近づきすぎるのもタブー**
③イスラム教では、「左手は不浄の手」とされているので注意する

あいさつ言葉

韓国や中国のように「ご飯は食べましたか」、エジプトのように「平和を祈ります」などがあいさつ言葉になっている国もあります。ドイツは「○○さん、こんにちは」と相手の名前を添えるのが習慣です。アメリカ人の「ハーイ」、イタリア人の「チャオ」など、関係が親密になれば、あいさつもラフになってきます。

握手はしっかり！

× sweaty palms（汗ばまず）

× too long（長すぎず）

× too hard（強すぎず）

× too close（近づきすぎず）

8 他国のマナー

3 ビジネスマナーの注意点

時間感覚

海外の国では、時間に厳格な国と、そうでないおおらかな国があります。後者との商談の場合、日本人はイライラするようですが、自分たちは時間にルーズにならないように応対するべきです。

また、タイの首都バンコクやインドのデリーなど、交通渋滞が激しい都市があります。遅刻をしないように余裕を持って出かけましょう。

誇りを尊重

多民族、多宗教の国は多く、安易に話をすれば、相手を不愉快にさせてしまうおそれがあります。世界は広く、自分の価値観で物事を判断するのは、要注意です。

①女性がバリバリ働く国や、まだまだ男性優位社会の国も存在する
②イスラム教徒が多い国では、露出度の高い女性の服装はタブー
③英語があまり通じない国も多い
④豚や牛などを食べない民族もいる

時差やサマータイム

世界は広し、しっかり体調管理をしよう

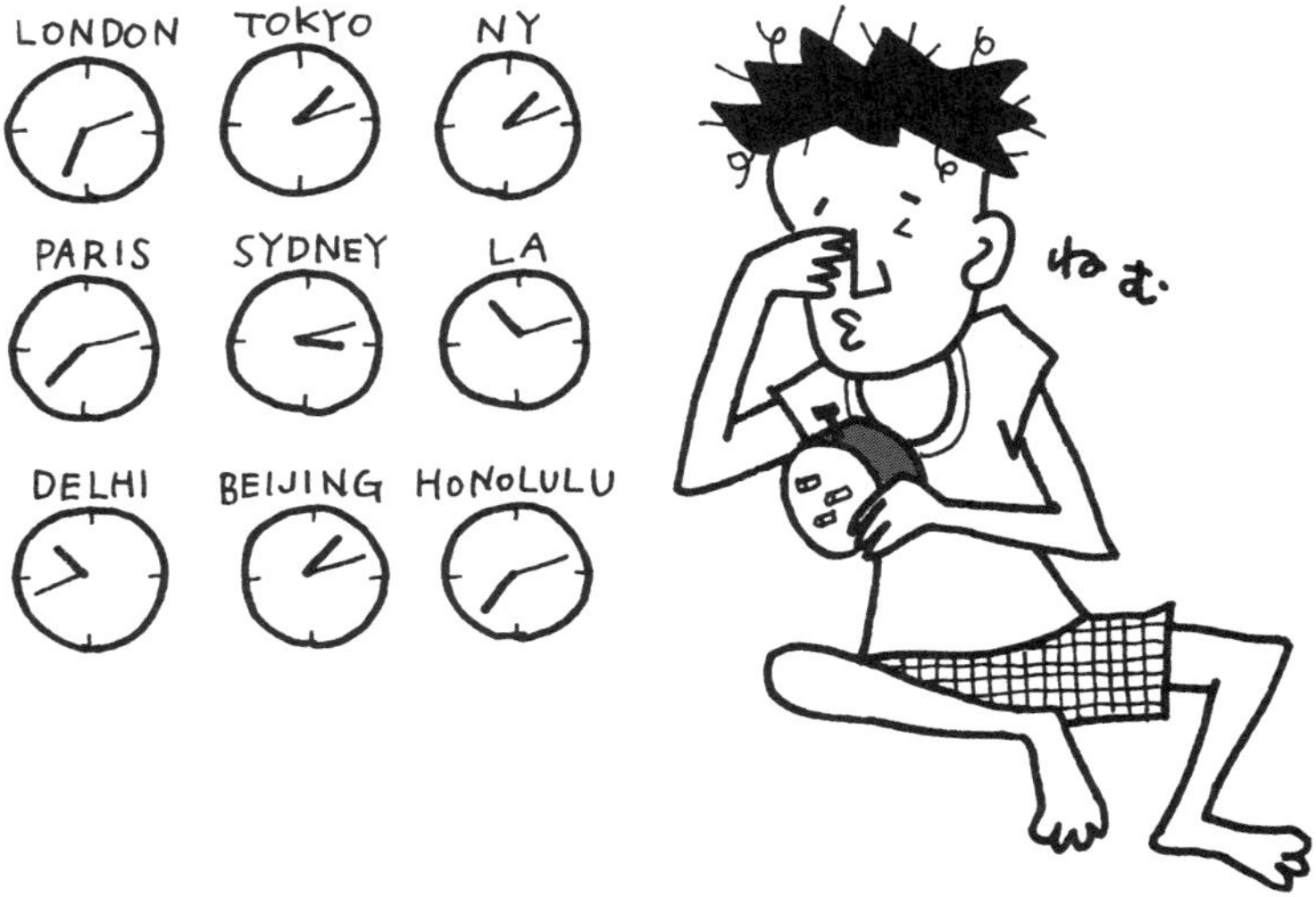

WIN-WIN の関係を築きましょう！

言葉や文化が違っても、相手を思いやるホスピタリティに国境はありません
相手を尊重し、価値観を理解し、WIN-WIN の関係が信頼関係を作ります

おわりに

急速に進むグローバリゼーションや技術の進歩、刻々と外部環境が変化する社会では、何も考えずに仕事をする時代は終わったのではないでしょうか。変化への対応に追われる企業の中で、我々の働き方も多様化しています。自ら主体的に動き出し、自分のキャリアを紡いでいくことが求められています。

「エンプロイアビリティ」という言葉を「雇われる能力」と解釈している方は多いと思います。実は「雇われ続ける能力」「労働移動可能な能力」と3つの意味を含んでいます。この3つに共通する能力のひとつが「他者への配慮＝マナー」なのです。

仕事はひとりではできません。人とのかかわりの中で進行し、成果に結びついていきます。

キャリアデザインの講義やカウンセラーの仕事を通して、就職活動をしているいろいろな世代の人にお会いします。学生はもちろん、再就職を希望している方にも「第一印象の大切さ」や、社会人としての良識を見られる「ビジネスマナーの重要性」を「心と形」の両面からお伝えしています。

また、「今の自分を成長させたい」、「すてきなマナーの達人になりたい」という意欲のある方には、「基本の大切さ（気遣い）」と「目標を持つ」ことをお伝えしています。さらに、知は力なりです。

マナーの心が皆さんのこれからのキャリアに役立つことがあれば、これ以上うれしいことはありません。

The best is yet to come.
（もっと良いことがこれから起こる！）

最後になりましたが、本書の出版に際しご協力いただきました株式会社早稲田出版の編集担当者様に心からお礼を申し上げます。ありがとうございました。

２０１０年　秋
株式会社リカレントキャリア　代表
リカレントキャリアデザインスクール学校長

松田満江

プロフィール

松田満江（まつだ・みつえ）

株式会社リカレントキャリア代表。リカレントキャリアデザインスクール学校長。

法政大学大学院＜経営学研究科・キャリアデザイン学専攻＞卒業。

大手電機メーカーの海外人事、役員秘書を経て、人材育成、キャリア教育、ビジネスマナーなどに携わる。また、CDA養成講座を運営し、キャリアカウンセラー育成にも注力している。東京女学館大、諏訪東京理科大非常勤講師

〈資　格〉
CDA（キャリア・デベロップメント・アドバイザー）
〈JCDA特定非営利法人日本キャリア開発協会〉
秘書検定1級、ビジネス文書検定1級

〈著　書〉
「秘書検定3・2級問題集」（成美堂）
「手紙・文書の書き方」（ナツメ社）
「ビジネス文書検定3・2級問題集」（新星出版）
「こんなOLは嫌われる」（早稲田教育出版）共著
「こんな上司は嫌われる」（日刊書房）共著　　他多数

〈連絡先〉株式会社リカレントキャリア
〒160-0022 新宿区新宿3－1－13　京王新宿追分ビル４F
Tel：03-5368-3887
www.recurrent-career.co.jp

これ1冊でOK! 魅力あふれる社会人になる為の
ビジネスマナー完全ガイドブック

2010年10月22日　第１刷発行

著者――――――松田満江

発行者―――――藤田昌明

装幀――――――菊池　祐(LILAC)

イラスト――――山路　南

本文デザイン――LILAC

発行所――株式会社 早稲田出版
東京都新宿区西新宿8－5－3　郵便番号160－0023
電話(03)3369-5500　FAX(03)3369-5534

印刷――ベクトル印刷株式会社

ISBN978-4-89827-380-7　C0030
乱丁・落丁本の場合は、送料小社負担にてお取り替えいたします。